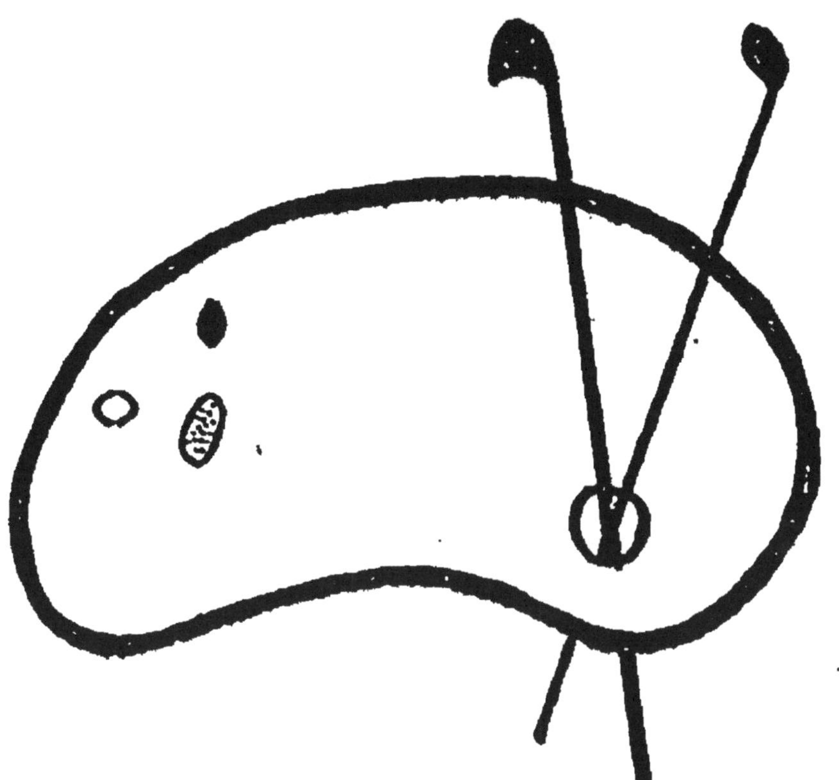

COUVERTURE SUPERIEURE ET INFERIEURE
EN COULEUR

FASTES MILITAIRES & MARITIMES

DU PORTUGAL

L'EXPÉDITION DE CEUTA

En 1415

PAR

LE BARON ED. DE SEPTENVILLE

Membre de la Chambre des Députés pour le département
de la Somme — Officier d'Académie
Commandeur avec plaque de l'Ordre royal et Militaire du Christ,
de Portugal — Commandeur du nombre extraordinaire
des ordres de Charles III, et d'Isabelle-la-Catholique d'Espagne
Officier de l'Ordre de la Couronne royale d'Italie
Chevalier des Ordres de Notre-Dame-de-Villa-Viciosa,
de Portugal, — de Notre-Dame-de-Guadalupe, du Mexique, etc.
Membre de plusieurs Académies et Sociétés savantes
de France et l'Etranger.

PARIS

LIBRAIRIE GÉNÉRALE 72, Boulevard Haussmann,	LIBRAIRIE Ancienne et Moderne JULES MARTIN 18, rue Séguier-Saint-André-des-Arts

1879

IMPRIMERIE DE L. DURAND, FÉCAMP

PASSAGE SAUTREUIL

FASTES MILITAIRES & MARITIMES
DU PORTUGAL

L'EXPÉDITION DE CEUTA EN 1415

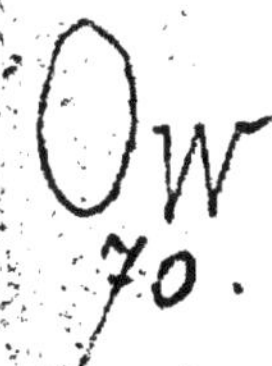

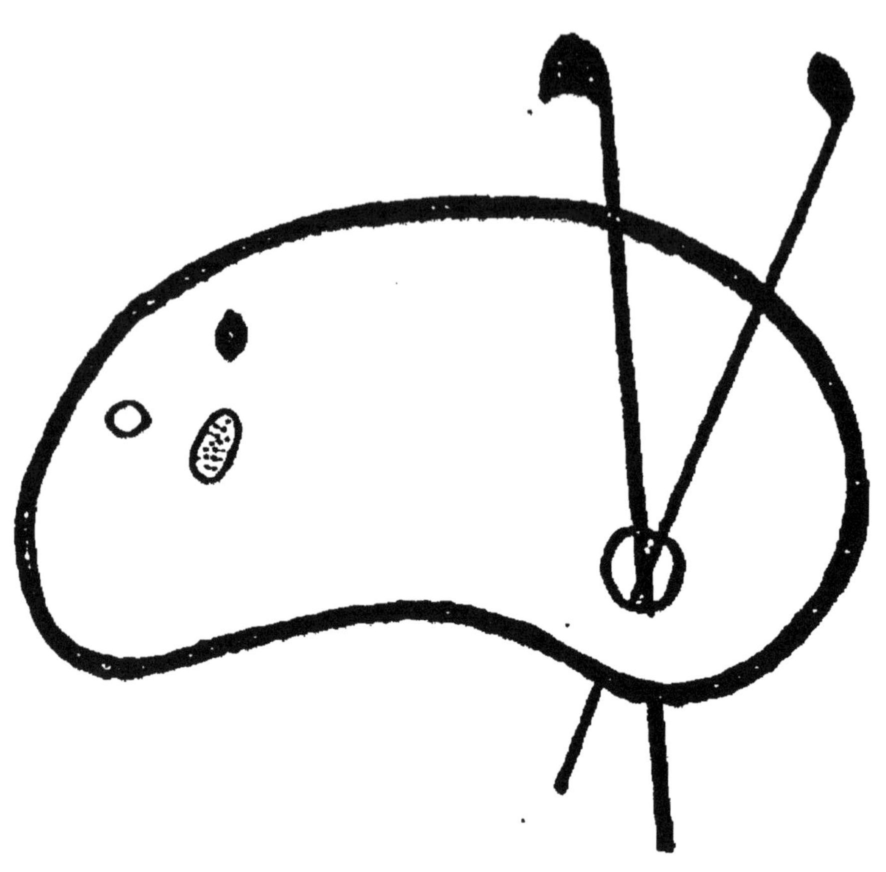

OUVRAGES DU BARON ED. DE SEPTENVILLE

Découvertes et Conquêtes du Portugal dans les Deux-Mondes . . . . 1 vol.

Etude historique sur le Marquis de Pombal, 1738-1777. . . . . 1 —

Le Portugal et l'unité Ibérique . . . . 1 broch.

Le Portugal et ses Colonies. . . . . . . 1 —

Notice biographique sur **S. M. I. don Pedro IV** 1 —

Les Droits de la Couronne de Portugal sur la baie de Lourenço Marques (Afrique) . . 1 —

Le Brésil sous la domination portugaise . . 1 —

Victoires et conquêtes de l'Espagne, depuis l'occupation des Maures jusqu'à nos jours . . 1 vol.

Histoire héroïque et chevaleresque des Alfonse d'Espagne (nouvelle édition) . . . 1 —

L'Espagne et Gibraltar. . . . . 1 broch.

L'Intention de l'Angleterre, en 1863 . . . 1 —

Comment la Russie et la **Perse peuvent anéantir l'influence anglaise en Asie** . . . . 1 —

La Russie et l'Asie centrale . . . . . . 1 —

La Russie et la Mer Caspienne. . . . . . 1 —

La Russie et la Chine . . . . 1 —

Les Colonies Danoises sous le règne de Christian IX. . . . . 1 —

L'Emigration Suisse et le Brésil . . . . 1 —

Jean de Lery ou le Brésil et Genève, 1534-1611. 1 —

Découverte d'un cimetière Gallo-Romain à Fontaine-le-Sec (Oisemont), Somme . . 1 —

Ces Bons Républicains, causerie sur les trois Républiques, 1793-1848-1871 . . . 1 —

FASTES MILITAIRES & MARITIMES
DU PORTUGAL

L'EXPÉDITION DE CEUTA

En 1415

PAR

LE BARON ED. DE SEPTENVILLE

Membre de la Chambre des Députés pour le département
de la Somme — Officier d'Académie
Commandeur avec plaque de l'Ordre royal et Militaire du Christ,
de Portugal — Commandeur du nombre extraordinaire
des ordres de Charles III, et d'Isabelle-la-Catholique d'Espagne
Officier de l'Ordre de la Couronne royale d'Italie
Chevalier des Ordres de Notre-Dame-de-Villa-Viciosa,
de Portugal, — de Notre-Dame-de-Guadalupe, du Mexique, etc.
Membre de plusieurs Académies et Sociétés savantes
de France et l'Etranger.

PARIS

LIBRAIRIE GÉNÉRALE
72,
Boulevard Haussmann,

LIBRAIRIE Ancienne et Moderne
JULES MARTIN
18, rue Séguier-Saint-André-des-Arts

1879

A

SON EXCELLENCE

DOM J. DA SILVA MENDES LEAL

Ambassadeur et Ministre Plénipotentiaire

de Sa Majesté le Roi de Portugal en France.

Ancien Ministre, Pair du Royaume, etc.

Témoignage de haute estime

et de respect.

LE BARON ED. DE SEPTENVILLE,

Membre de la Chambre des Députés pour le Département de la Somme, etc.

Château de LIGNIÈRES,
Poix (Somme — France.)

INTRODUCTION

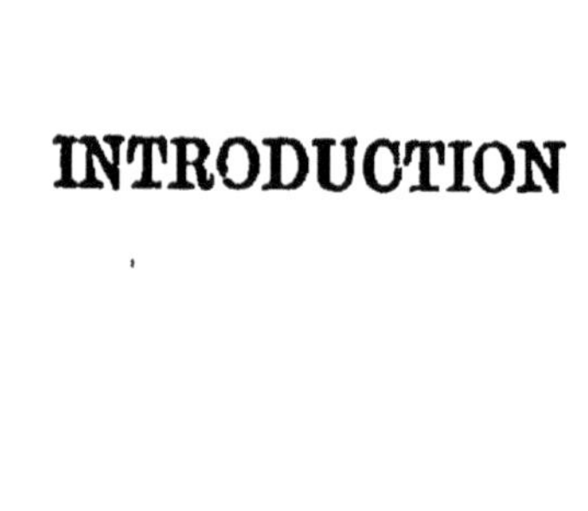

INTRODUCTION

> Siècles de Héros, jours de gloire,
> intrépides guerriers, qui malgré
> le trépas vivez dans les traditions,
> vivez dans l'histoire !
>
> (Du Bocage.)

La conquête de Ceuta est, sans contredit, l'une des plus belles pages de l'histoire du Portugal, si féconde en grands événements militaires et surtout maritimes.

Non-seulement elle fut la première étape de cette odyssée glorieuse des héros fameux qui promenèrent sur toutes les mers l'étendart victorieux de la noble Maison d'Avis, mais encore elle fut due à l'initiative de l'un des plus grands hommes de son siècle : Henri-le-Navigateur, qui voulut faire, en prenant Ceuta, un prolongement naturel du Domaine portugais vers la côte africaine.

Le nom d'Henri-le-Navigateur semble résumer les grands talents de l'homme de guerre, du conquérant, du savant, du profond politique; et les nobles qualités de l'Infant en firent le Prince le plus accompli qu'ait pu produire une époque où l'étude de la science était encore dans son enfance.

Henri-le-Navigateur peut être considéré comme un génie précurseur, puisque, bien avant Colomb, en 1417, il fit sa première découverte, tandis que l'Amérique ne fut découverte qu'en 1492.

Du reste, en Portugal, pays chevaleresque par excellence, où le culte des grands hommes et l'amour de la patrie sont répandus dans toutes les classes de la société, il n'est personne qui ignore ce nom glorieux, populaire depuis plus de quatre cents ans, comme le devint plus tard celui du Camoëns, cette autre gloire portugaise qui, avec l'infant Pierre, Alfonse V, Jean II, Vasco de Gasma, Alfonse de Albuquerque, Saint-François Xavier, d'Alméidas et tant d'autres, éclaire encore les fastes du Portugal d'une lueur si brillante.

En France, les savants et les lettrés sont tous familiarisés avec le nom de Henri-le-Navigateur, dont la haute intelligence et la volonté puissante et énergique, dotèrent le Portugal de tant de contrées fertiles, en dirigeant les hardis explorateurs qui, sous ses inspirations, après la conquête de Ceuta, s'avancèrent successivement jusqu'au cap Boïador, découvrirent Porto-Santo, Madère, le cap Blanc, Rio del Oro et les îles d'Aguin, Angra de Cintra, le cap Vert, le Sénégal, les Açores, etc.

Mais, que de faits intéressants et ignorés, touchant la part considérable que l'infant Henri prit à ces magnifiques expéditions, à commencer par celle qui enlevant Ceuta aux Maures, après une possession de huit siècles, en fit l'un des joyaux de la couronne du roi Jean.

Les siècles passent, mais la gloire acquise par les grands hommes ne passe pas, au contraire, au fur et à mesure que le temps fuit, elle se dégage comme une flamme épurée, au-dessus des mesquines passions humaines, et sa lueur éclaire et guide dans la voie du beau et du bien, tous ceux qui s'inspirent des nobles exemples du passé pour se distinguer dans l'avenir.

Nous qui avons, par nos longues et incessantes études sur le Portugal, pu constater le nombre considérable d'hommes de génie, de grands capitaines et de natures d'élite qui, à toutes époques, ont existé chez le peuple portugais, nous avons acquis la conviction que si cette nation a fourni et ne cesse de fournir tant d'hommes supérieurs dans toutes les classes sociales ; c'est qu'elle a eu l'inappréciable avantage d'être gouvernée par des rois qui réunissent les plus nobles qualités de l'âme, aux plus grandes capacités de l'esprit, et qui portèrent toujours haut et ferme, inscrit sur leur drapeau : Dieu et Patrie.

Et c'est afin de donner une preuve de cette vérité, que nous avons entrepris de consigner ici le récit de l'expédition de Ceuta, projetée par l'infant Henri-le-Navigateur et ses frères, et si vaillamment entreprise avec succès par le roi et ses fils, aux acclamations du peuple portugais tout entier.

CHAPITRE Ier.

CHAPITRE Ier.

Etat général du Portugal. — La Dynastie d'Avis. — Bataille et Victoire d'Aljubarrota. — Paix de 1399. Les Infants. — Projet d'expédition contre Ceuta.

L'élévation au trône de Portugal du grand maître de l'ordre d'Avis, appelé à succéder au roi Fernando, fut un événement considérable, et surtout heureux pour la Nation.

La régence de la reine Léonor et l'autorité abusive que cette princesse avait laissé prendre au comte d'Ourem, avaient provoqué de si vives réclamations, non-seulement de la part de la noblesse et des grands du Royaume, mais encore de celle du peuple, que, lorsque le grand maître

Jean, frère de l'Infant, fut choisi par les Cortès pour recevoir la couronne, et qu'il échangea son titre de *Deffensor e regedor* du Royaume contre celui de roi, ce fut une explosion générale de joie à Lisbonne, où chacun avait été à même de juger, d'après ses actes, la haute valeur politique du nouveau souverain.

Une nouvelle dynastie, la plus illustre et la plus populaire de celles qui avaient jusqu'alors régné sur le Portugal, était fondée.

La plus illustre, car elle devait embrasser la plus magnifique période de la puissance Portugaise et la porter à son point culminant.

La plus populaire, car elle fut acclamée et ratifiée sur le champ de bataille. Mais ses commencements furent difficiles. Le roi de Castille, qui s'était flatté de l'espoir de devenir roi du Portugal, par suite de son mariage avec la fille du roi défunt, Fernando, essaya de conquérir une couronne *qu'on refusait de lui donner.*

Mais la bataille décisive d'Aljubarrota (15 août 1385), où onze mille soldats portugais écrasèrent trente mille castillans, vint à jamais ruiner ses espérances, et l'on peut dire hautement, que de cette victoire mémorable remportée par l'héroïque armée de Jean, et que les chroniqueurs ont nommée *La Bataille royale*, parce que les deux rois commandaient les troupes respectives, date l'affermissement de l'indépendance et de la résurrection de la nation portugaise. Bientôt, le mariage de Jean Ier avec la princesse Filippa, fille du duc de Lancastre, qui suivit l'alliance conclue entre le Portugal et l'Angleterre contre la Castille, acheva d'amener les préliminaires d'une paix qui ne fut, toutefois, définitivement conclue, qu'en 1399, après plusieurs alternatives de reprises des hostilités et d'apaisement. Le roi Jean, en épousant la princesse Filippa, avait fait un heureux choix; douée d'une solide piété, possédant toutes les vertus chrétiennes, et pleine d'affection et d'attachement pour son mari, la reine lui donna successivement cinq fils, qui, tous héritiers des nobles qualités de leurs père et mère, occupèrent une place distinguée dans l'histoire du Portugal.

Ce furent : Edouard, qui devint roi à son tour, après la mort de son père, et qui, en raison de la facilité avec laquelle il s'exprimait, de façon à persuader ceux avec lesquels il conversait, fut nommé Edouard-l'Eloquent; Pierre, qui s'illustra par ses voyages, et fut désigné, par les historiens, sous le nom de Pedro-le-Voyageur; Henri, connu sous le nom d'Henri-le-Navigateur, surnom qu'il sut si bien mériter par ses magnifiques découvertes; Jean, dit le Brave, une des plus belles appellations qu'on puisse donner à un prince, et enfin, Ferdinand-le-Saint, nommé aussi, par l'histoire et la poésie : « Le Prince persévérant. » Quel peuple ne s'estimerait pas heureux d'être placé sous la tutelle d'une famille royale ainsi composée !

Celle-ci était adorée de tous !

Mais nous n'avons pas à relater la vie de chacun de ces princes, c'est seulement de l'infant Henri dont nous nous occuperons plus particulièrement, en raison de la part considérable qu'il prit à l'expédition de Ceuta.

Henri naquit à Coïmbre, le 4 mars 1394, bien que quelques-uns de ses biographes le fassent naître à Villa-Vicosa ou à Porto. Sa jeunesse s'écoula sous l'égide tutélaire de sa mère, femme d'un esprit supérieur très-cultivé, et vouée tout entière à l'éducation de ses enfants, qu'elle éleva dans les principes d'une morale rigide, dans la pratique d'une vie consacrée à l'étude, et dans la stricte observation des devoirs religieux.

Sous une pareille direction, l'intelligence du jeune prince se développa rapidement, et d'un caractère sérieux, réfléchi, il s'adonna avec une persévérance étonnante chez un jeune garçon, à l'étude de la géographie et à celle des mathématiques, dans la connaissance desquelles il fit des progrès tels, qu'à l'âge où les princes savent à peine les premiers éléments de ces principes, il ne se trouvait plus de maîtres à qui il resta quelque chose à lui enseigner.

Cependant, malgré tout le temps qu'il donnait à ces importantes études, les exercices du corps n'étaient pas négligés; il s'y montrait extrêmement adroit, et excellait dans tous ceux qui demandent de la force, du sang-froid et de l'adresse. Les armes, l'équitation, la natation, tout ce qui entrait alors dans l'éducation d'un prince, étaient jeux pour lui.

Mais souvent, pendant des heures entières, il restait les yeux fixés sur la mer, interrogeant du regard l'immensité de l'horizon qui s'étendait devant lui, et on eut dit, à le voir ainsi perdu dans une profonde rêverie, que déjà, par la pensée, il s'élançait au milieu de cet inconnu, à la recherche d'un monde nouveau que son esprit percevait au-delà de l'Océan.

Ces heureuses dispositions à l'étude et à la contemplation, devaient amener un résultat facile à prévoir : l'infant devenu jeune homme, brûla du désir de mettre à profit les connaissances qu'il avait acquises; mais ce n'était pas la réputation de docte et de savant qui était réservée aux moines instruits, qu'ambitionnait l'infant; il était gentilhomme, fils de roi, et son ardente ambition était de gagner d'abord ses éperons de chevalier sur le champ de bataille.

Ses frères aussi, animés des mêmes sentiments chevaleresques, attendaient impatiemment que l'occasion leur fut offerte de faire leur apprentissage d'hommes de guerre.

Mais les événements survenus en Portugal ne leur permettaient pas d'espérer la prompte réalisation de ce désir. La paix, signée avec la Castille, avait fermé l'ère des batailles; le pays, longtemps agité par les démêlés qu'il avait eu à soutenir contre cette nation, avait besoin de tranquillité, les Portugais goûtaient un repos qu'ils avaient acheté au prix de durs sacrifices, et ils étaient profondément reconnaissants au roi Jean de le leur avoir procuré. Aussi, les fêtes, les tournois, les amusements de tous genres, avaient-ils reparu à la cour brillante du roi Jean, et ce n'était que dans ces simulacres de la guerre qu'il pouvait être permis aux infants de se signaler ; les joutes, les combats simulés étaient le seul aliment offert à leur ardeur guerrière, et le roi paraissait si bien compter sur une longue paix, qu'il résolut de donner une grande fête à laquelle seraient invités à prendre part l'élite de la noblesse portugaise et les seigneurs étrangers qui se trouvaient dans le pays. Là, il devait en champs clos, et après une passe d'armes brillante, armer chevalier les infants. Informés de ce dessein, ceux-ci n'essayèrent pas de cacher la vive contrariété qu'ils en éprouvaient, et les trois aînés se concertèrent pour aviser au moyen de faire revenir le roi sur cette résolution qui leur causait un si mortel déplaisir.

Malheureusement, c'était difficile et quelque désir qu'ils eussent d'être fait chevaliers sur le champ de bataille, ils ne pouvaient raisonnablement exiger que leur père déclarât une guerre injuste et sans aucun prétexte à l'un de ses voisins, dans l'unique but de leur procurer ce qu'ils désiraient.

Ils étaient donc très-embarrassés pour sortir de cette impasse et allaient vraisemblablement se borner à présenter respectueusement au roi, la prière d'ajourner à plus tard leur admission dans la chevalerie, et d'attendre qu'une occasion favorable se présentât, lorsque l'intendant des finances du roi, Jean Alfonse, qui assistait à leur entretien, et auquel ils demandèrent conseil, leur fit part d'un projet qui, dit-il, s'il était accepté par le roi, leur donnerait immédiatement satisfaction.

Jean Alfonso était un homme fort estimé par la sagesse de ses actes et la noblesse de son caractère ; il jouissait, auprès du roi, d'une considération qu'il devait à son propre mérite, et tout fait supposer que c'était d'accord avec le souverain qu'il avait fait cette communication aux infants.

Quoi qu'il en soit, on devine si de semblables paroles venant d'un tel personnage firent impression sur l'esprit des infants qui le prièrent de leur communiquer le projet dont il parlait.

Ce fut alors que le sage Alfonse leur fit connaître que, selon lui, il y avait une entreprise glorieuse à tenter pour les armes portugaises, celle d'enlever Ceuta aux Maures : Ceuta, le magasin d'armes des infidèles, Ceuta, qu'ils considéraient avec raison comme la clé de l'Afrique, et dont la possession était d'une extrême importance pour le Portugal ; Ceuta, dont la conquête serait accueillie par toute la chrétienté avec une joie unanime.

Quel triomphe pour l'Eglise, de voir la croix arborée sur les murs souillés depuis huit siècles par la présence des infidèles ! Dans les dispositions d'esprit où se trouvaient les jeunes infants, une semblable ouverture fut une véritable révélation et, pour bien faire comprendre l'enthousiasme qu'une pareille entreprise devait rencontrer chez eux, il est nécessaire de jeter un coup d'œil sur la politique européenne de l'époque. Au quinzième siècle, nous voyons les différentes nations civilisées occupées à s'entre déchirer, poussées qu'elles sont par le besoin de faire la guerre.

C'était le temps de la profonde animosité qui, divisant la France et l'Angleterre, devait amener la funeste, mais glorieuse journée d'Azincourt, et les maisons d'Orléans et de Bourgogne étaient devenues irréconciliables.

On connait l'état misérable dans lequel l'Italie et l'Allemagne se trouvaient plongées, par suite des querelles interminables des Guelfes et des Gibelins. Les espagnols songeaient à achever de recouvrer leurs anciens domaines usurpés par les Maures, les hostilités recommençaient sans cesse entre eux, et le sang des chrétiens coulait avec celui des infidèles dans mille petits combats, dont quelques-uns à peine méritèrent le nom de batailles, mais qui tenaient la nation dans un perpétuel état de lutte.

En aucune contrée de l'Europe, il n'était question d'encourager les peuples à la culture des arts, encore dans l'enfance ; le seul art connu était l'art de la guerre, le noble métier des armes. Quant à la marine, elle était tout à fait à l'état rudimentaire.

L'Angleterre, qui devint plus tard si redoutable sur les mers, n'avait, à cette époque, que les bateaux qui lui servaient pour transporter ses soldats en France.

Le Portugal, qui, jusqu'alors, ne s'était pas rendu compte de l'avantage qu'il pouvait tirer de sa situation et de ses ressources pour le commerce, avait peu de vaisseaux, pas d'arsenaux et une navigation encore à l'état rudimentaire, si on la compare à ce qu'elle devint après l'application de la boussole et les efforts de l'école de Sagres. Les génois, les pisans, les vénitiens faisaient à ses dépens le plus de commerce possible ; mais ces républiques ne connaissaient d'autre mer que la Méditerranée, et leurs petits vaisseaux n'osaient pas s'éloigner des côtes.

Or, le Portugal, qui joua sur la scène du monde un si grand rôle, depuis le jour où l'infant Henri-le-Navigateur lui donna le génie des découvertes, n'était avant lui qu'une lisière du continent ibérique, défendue par un peuple guerrier contre les insultes des Maures à qui il avait fallu arracher morceau par morceau ce pays si connu dans l'antiquité, sous le nom de Lusitanie.

C'était même uniquement dans le dessein d'établir une barrière contre les infidèles, que les rois de Castille avaient cédé cette bande de territoire à ces comtes souverains, qui, par leur propre valeur et le courage intrépide de leurs soldats, étaient enfin parvenus à se créer un état indépendant dont ils avaient été les rois successifs.

Les Maures vaincus et expulsés du territoire, les rois de Portugal et ceux de Castille, avaient presque toujours été en guerre ouverte, et les braves portugais, soutenus par l'amour de la Patrie et de leur indépendance, si redoutable quand il forme l'esprit d'une nation aguerrie, eurent souvent, contre les Castillans, les mêmes succès qu'ils avaient eus contre les Maures.

Mais comme ils avaient affaire à des ennemis mieux disciplinés et qui savaient se replier après la défaite, il ne leur était pas si facile de faire des progrès dans le pays ennemi et de conquérir des terres sur les chrétiens, comme ils en avaient conquis sur les infidèles.

Les deux nations se battaient avec un égal courage et s'estimaient mutuellement. Enfin, après s'être souvent harcelés sans avantage appréciable, la paix de 1399 avait fini par cantonner chacun des deux peuples dans ses bornes respectives. Le Portugal, quoique valeureux et entreprenant, était donc circonscrit sur son propre sol, et ne pouvait guère tenter des conquêtes dans son voisinage, borné d'un côté par l'Espagne, de l'autre par la mer.

L'idée émise par l'intendant des finances Jean Alfonse, répondit donc non-seulement au désir qu'avait l'infant Henri de voir une guerre lui fournir l'occasion d'être armé chevalier, mais elle fut comme une étincelle qui illumina soudain la pensée du prince ; jusqu'alors, il avait obéi à une sorte de goût particulier qui le poussait à diriger ses études vers les choses de la navigation, pour lesquelles il avait une aptitude toute spéciale ; la direction qu'il avait donnée aux études cosmographiques, des innovations remarquables dont il était l'auteur, l'indiquaient suffisamment ; toutefois, rendre possible les expéditions lointaines, semblait être le seul but qu'il poursuivit. Le projet de conquête de Ceuta, montre qu'il avait d'autres idées et ouvrit un horizon nouveau.

Il ne s'agissait plus de reprendre un territoire spolié, c'était aller hardiment au-devant de l'ennemi des chrétiens, le vaincre chez lui, et se frayer une route nouvelle à travers l'inconnu. Ses aspirations vers un but indéterminé, indéfini, prenaient une forme précise. Le Portugal était le point de départ de son action sur le monde africain.

Depuis longtemps, malgré sa jeunesse, l'infant rêvait la découverte de nouvelles contrées, au profit de sa patrie, mais malgré tout ce qu'il avait appris, il était encore ignorant sur la conformation de la côte Occidentale et sur l'intérieur de l'Afrique.

La prise de Ceuta devait être pour lui une source de renseignements précieux sur les Etats africains de la Méditerranée, sur le Maroc, Alger, Tunis, Tripoli et sur les contrées de la région du Nil et sur nombre de pays inconnus. Encore une fois, c'était la clé de voûte de l'édifice qu'il avait construit dans sa pensée, c'était la vie donnée à sa conception, son rêve devenu une réalité, la lumière qui éclairait tout à coup l'obscurité au milieu de laquelle il se mouvait.

L'Afrique venait de trouver le précurseur de Christophe-Colomb dans la personne d'Henri, avec cette différence que, lorsque Christophe-Colomb alla à la découverte de l'Amérique (qu'un autre avait signalée avant lui), il avait à son service l'expérience de quatre-vingts ans de navigation hasardeuse, entreprise par des hommes courageux qui avaient posé déjà les jalons de la route nouvelle ; leurs travaux avaient été couronnés de succès, toutes les côtes de l'Afrique, depuis le détroit de Gibraltar jusqu'au cap de Bonne-Espérance, étaient connues.

Vasco de Gama allait se frayer une route aux Indes, en doublant le fameux cap ; les Portugais pénétraient en idée jusqu'aux extrémités de la Chine et du Japon, et devaient, plus tard, non seulement réaliser ce rêve, mais entrer aussi à Annam, à Siam, au Thibet, au Cambodge et jusqu'en Malaisie. Tout avait été préparé pour ainsi dire, et il ne restait plus qu'un pas à faire pour découvrir l'Amérique.

Bien plus, elle aurait été découverte sans Christophe-Colomb par les côtes du Brésil, puisqu'on vit quelque temps après des pilotes s'y diriger par la route tracée par l'infant Henri. D'ailleurs, où le navigateur Génois s'était-il formé ?

Où avait-il connu les premières notions de son projet ?

A Lisbonne, dans les lieux où l'ombre du grand infant semblait planer encore dans les entretiens qu'il avait eus avec les habiles marins sortis des écoles fondées par ce prince.

Ajoutons qu'on avait alors des vaisseaux plus grands et en état de soutenir les fatigues d'une longue navigation. L'infant Henri, lui, n'avait rien que son génie, sa tenacité et son énergie ; — il eut tout à faire, à créer. — Les pilotes de son temps étaient habitués à une routine grossière dont ils ne s'écartaient pas. Bien que la boussole fut déjà connue, ils n'osaient s'éloigner des côtes ; l'art de construire des vaisseaux était encore dans l'enfance.

Mais, terminons cette longue digression. On a vu combien l'infant Henri avait été immédiatement séduit par le projet de Jean Alfonse, ses frères ne le furent pas moins.

Mais il s'agissait de le faire agréer au roi.

Et ce n'était pas le plus facile de l'entreprise.

Sans différer davantage, les trois infants résolurent de se rendre sur l'heure au Palais et de faire part au roi leur père, de l'idée qui leur avait été soumise et qu'ils étaient d'avis de mettre au plus tôt à exécution.

CHAPITRE II

CHAPITRE II

Examen du projet d'expédition. — Son acceptation par le Roi. — Mission des ambassadeurs. — Ceuta. — Préparatifs de guerre. — Mort de la Reine. — Départ de la flotte.

Le roi Jean, en montant sur le trône de Portugal, avait donné la mesure de sa vaillance et de son génie militaire, en conquérant son royaume, par la force de son bras, à la pointe de l'épée.

Il était donc plus que personne à même de juger du mérite d'un projet de guerre contre l'ennemi de la patrie et du christianisme, et les infants, pleins de respect pour leur père, étaient, en outre, animés des sentiments d'une grande déférence envers le valeureux monarque dont l'esprit perspicace embrassait facilement l'ensemble et les détails de toute opération militaire.

Aussi, ce ne fut pas sans éprouver une vive émotion, qu'ils vinrent présenter au roi le plan de l'entreprise qu'ils avaient méditée. Le sage monarque, surpris d'abord par l'initiative de cette pensée toute chevaleresque, se contenta de sourire en recevant la communication, ce qui prouve qu'il la connaissait au préalable, mais qu'il était désireux d'être fixé sur la pensée de l'infant Henri à ce sujet, et il demeura frappé de quelques-unes des considérations que l'infant fit valoir ; il y avait là une occasion si belle de servir les intérêts de la Religion et d'ouvrir à ses fils la route de l'honneur et de la bravoure !

Le plan d'Henri était des mieux combinés, il se sentit tout disposé à l'exécuter ; mais comme c'était un souverain plein de prudence et de circonspection, il se garda bien de laisser voir aux infants l'impression qu'il avait ressentie ; il se retrancha derrière une série d'obstacles qu'il entrevoyait de prime-abord pour l'accomplissement d'un tel projet, dont les conséquences non prévues pouvaient être excessivement graves, et auxquelles il était bien permis de n'avoir pas songé, sans pour cela désapprouver le projet d'une façon absolue.

« — N'allez pas croire, leur dit-il, « que ce soit les fatigues ou les dangers « d'une pareille entreprise qui m'empê- « chent de l'accepter. Dieu soit loué, le « repos n'a pas encore engourdi mon « humeur guerrière, et les longues guer- « res que j'ai soutenues n'ont rien ôté à « mon ardeur et à mes forces, et loin de « redouter les fatigues de la guerre, je ne « cherche qu'à les affronter ; mais d'au- « tres soins me préoccupent, et c'est « avec vous que je veux examiner les « nombreuses difficultés qui paraissent

« s'opposer à la réalisation de votre pro-
« jet.

« Il en est surtout cinq qui me frap-
« pent entre toutes, malgré la conviction
« que je partage avec vous d'être agréa-
« ble à Dieu en combattant ses enne-
« mis.

« La première, ce sont les grandes
« dépenses que nécessiterait une pa-
« reille entreprise, eu égard au peu de
« ressources dont le Portugal peut dispo-
« ser en ce moment ; les provinces sont
« épuisées par les sacrifices qu'elles se
« sont imposés pour soutenir les der-
« nières guerres, et si je les pressais de
« fournir de nouvelles contributions, elles
« pourraient se plaindre d'être obligées
« de payer des impôts pour subvenir aux
« frais d'une guerre qui n'a pas l'utilité
« de la précédente.

« La seconde difficulté réside dans
« le manque de soldats ; une semblable
« expédition en exige beaucoup, et les
« trouverait-on, que nous ne saurions où

« nous procurer les vaisseaux pour les « transporter, et puissions nous réussir à « en faire venir du dehors, à force de « peines et d'or, nous ne ferions que dé- « garnir le pays de troupes qui le gar- « dent, ce qui permettrait à la Castille « de saisir le moindre prétexte pour « reprendre les hostilités et opérer une « invasion contre laquelle on se trouve- « rait sans défense.

« D'un autre côté, prendre Ceuta « serait inviter les castillans à s'emparer « de Grenade, ce qui augmenterait leurs « forces, qu'ils pourraient bien employer « ensuite contre nous ; enfin, cinquième « point à examiner, en supposant que « nous parvinssions à nous rendre maî- « tres de Ceuta, comment parviendrons « nous à nous en assurer la possession !

« Voilà ce que je vous engage à mé- « diter. »

Toutes ces justes considérations ne pouvaient manquer de faire impression sur l'esprit pénétrant des infants, qui étaient fort embarrassés pour les discuter *à priori* et qui se retirèrent en se demandant s'ils devaient renoncer définitivement à l'espoir qu'ils avaient conçu, et s'il leur fallait se résigner à abandonner leur projet.

Les raisons qui leur avaient été opposées par le roi étaient sérieuses ; toutefois, l'infant Henri fit remarquer à ses frères que si leur père s'était longuement étendu sur les obstacles qui lui paraissaient s'élever contre l'exécution du projet, en principe, il ne s'était pas montré hostile à l'idée de la conquête, et il en conclut que si l'on parvenait à détruire, dans son esprit, les cinq principales objections qu'il avait soulevées, il serait peut-être possible de l'amener à approuver l'entreprise. Ce fut ce qu'il essaya de faire, le lendemain, dans un nouvel entretien qu'il eut avec le roi.

Il commença par la question des finances, et démontra facilement que, malgré l'état d'épuisement du trésor, il n'était pas douteux que le Portugal, tout entier, ne s'imposât volontairement les plus grands sacrifices pour faire la guerre aux infidèles, les ennemis naturels des nations chrétiennes, abhorrés par tous.

Quant aux troupes, on pouvait sans danger en expédier une partie, sans pour cela nuire à la défense du royaume. En ce qui touchait la crainte de voir le roi de Castille enlever Grenade, tandis que le Portugal ferait la conquête de Ceuta, il n'y avait pas lieu de s'en effrayer, loin de là, il fallait souhaiter qu'il en fut ainsi ; car c'était un moyen, pour le monarque Castillan, de donner carrière à son esprit belliqueux, et s'il s'emparait de Grenade, cette conquête et sa conservation nécessiteraient de tels efforts, qu'il ne serait guère tenté ensuite de tourner ses armes contre le Portugal, dont la puissance et l'autorité se trouveraient considérablement augmentées par un fait d'armes glorieux, accompli dans l'intérêt du catholicisme, et que Dieu bénirait sans aucun doute.

L'infant fut certainement éloquent, persuasif ; mais il est permis de penser que, de son côté, le roi avait, depuis la veille, réfléchi mûrement à la grande gloire qu'une expédition dirigée contre les Maures de Ceuta ne saurait manquer d'attirer sur ses armes, et qu'au fond du cœur, il se réjouissait des heureuses dispositions de ses fils, dont les instincts guerriers étaient bien ceux de sa race, car à peine l'infant Henri eut il parlé, que le roi, le serrant dans ses bras, lui donna sa bénédiction paternelle, lui annonça qu'il était prêt à mettre immédiatement à exécution le projet qu'il lui avait indiqué, et l'autorisa à porter cette heureuse nouvelle à ses frères.

Ces princes, au comble de la joie, s'empressèrent de venir témoigner leur vive reconnaissance à leur père, et tous ensemble, ils discutèrent les détails de l'expédition dont la bonne exécution devait assurer le succès.

Il fut décidé qu'avant toute chose, le roi donnerait mission à des personnes intelligentes de recueillir tous les renseignements de nature à l'éclairer exactement sur la situation précise et l'état de la place, les forces dont se composait sa défense, la qualité et la nature du terrain sur lequel elle s'élevait, la hauteur des montagnes, bref, tout ce qu'il fallait qu'on sût pour établir les bases de l'expédition, évaluer le nombre de bâtiments qu'il était nécessaire d'équiper, déterminer la grosseur des pièces d'artillerie et agir en conséquence.

Le choix unanime tomba sur deux hommes résolus, courageux et doués de connaissances spéciales ; c'était le prieur de Crato, Alvaro Gonçalves Camello, et Alfonse Furtado, grand amiral des galères du Portugal.

Le premier devait observer la rade et le port.

Le second, relever toutes les indications relatives aux moyens de défense dont les Maures pouvaient disposer. Mais, comme il fallait surtout éviter d'éveiller les soupçons des infidèles, et que, d'un autre côté, l'accès de la place n'était pas interdit aux chrétiens, le roi, qui était aussi fin politique que grand capitaine, chercha un prétexte plausible pour justifier la présence de ses deux émissaires à Ceuta et le trouva facilement.

Il avait été question d'un mariage entre la reine Blanche, veuve de Dom Martin, prince d'Aragon, et l'un des infants de Portugal, et c'était Edouard, l'aîné, qui avait été désigné par les négociateurs de la princesse ; mais bien que le roi Jean se montrât favorable à une union entre la maison de Portugal et celle d'Aragon, il préférait qu'elle eût lieu par le mariage de son second fils Pierre, Edouard se trouvant héritier présomptif du trône et pouvant, en conséquence, prétendre à une alliance plus considérable, au point de vue des intérêts de la couronne.

Le prieur de Crato et Alfonse Furtado furent donc ostensiblement chargés d'aller notifier à la reine d'Aragon, la réponse du roi, c'est-à-dire de demander la main de cette princesse pour Pierre au lieu d'Edouard.

Et rien de plus naturel qu'ils s'arrêtassent à Ceuta, soit pour réparer quelqu'avarie survenue au vaisseau, soit pour une cause quelconque.

De plus, pour éviter l'ombre d'un soupçon et pour dérouter ceux qui seraient enclins à penser que le voyage de ces ambassadeurs pouvait bien masquer d'autres projets, il fut convenu qu'on répandrait indiscrètement le bruit que le roi était fort mécontent de la conduite tenue à son égard par le comte de Hollande, et que tout faisait présumer qu'il allait lui déclarer la guerre.

De cette façon, on pouvait faire construire des vaisseaux dans tous les hâvres, amasser des armes et des munitions sans que les Maures fussent surpris par ces préparatifs de guerre.

Tout ceci arrêté, les ambassadeurs partirent sur deux galères armées, pavoisées et décorées avec une grande magnificence, et comme il convenait pour la circonstance. On arriva bientôt devant Ceuta.

On jeta l'ancre en vue de la place, et le prieur aborda, sous le prétexte que certaines provisions avaient été oubliées au moment de l'embarquement, et qu'il était nécessaire de donner un peu de repos aux équipages. Puis, sans perdre de temps, il pénétra dans l'intérieur de la ville, dont il observa attentivement la configuration et prit adroitement toutes les informations secrètes dont le roi avait besoin.

De son côté, Alfonse Furtado profita de la nuit pour faire l'inspection de la côte et du port, relevant avec soin la disposition du terrain.

Leur mission était remplie; ils levèrent l'ancre, et le lendemain, ils firent voiles vers la Sicile pour accomplir leur ambassade.

Sa relation étant étrangère au sujet qui nous occupe, nous la passerons sous silence, et nous nous contenterons de dire qu'à leur retour, les ambassadeurs touchèrent de nouveau à Ceuta et vérifièrent, en les complétant, leurs premières observations.

Ils revinrent à Lisbonne, poussés par un vent favorable, et débarquèrent aux acclamations du peuple venu à leur rencontre ; ils s'empressèrent d'aller rendre compte au roi du résultat de leurs investigations.

Ils le trouvèrent dans le palais de Cintra, entouré de ses fils et des grands de sa cour, attendant avec impatience le retour de ses envoyés.

Ceux-ci lui rendirent compte, dans cette audience publique, du succès de leur ambassade, et dans une seconde toute secrète, ils lui exposèrent en détail tout ce qu'ils avaient recueilli sur Ceuta.

Mais avant d'aller plus loin, donnons au lecteur quelques notions préliminaires sur cette place, à la possession de laquelle le Portugal attachait tant d'importance.

Lorsqu'on a sous les yeux une carte du monde connu des anciens, on voit que la mer qui en baigne les rivages, se divise en deux parties égales; l'un de ces bassins prend le nom de Méditerranée citérieure, c'est la partie qui mêle ses eaux avec celles de l'Océan, vers les anciennes colonnes d'Hercules ; l'autre se nomme Méditerranée ultérieure, c'est celle qui s'enfonce dans les terres par le golfe Adriatique, le golfe Lybique, les mers Grecques, le Pont-Euxin et le Palus-Méotide.

La Méditerranée citérieure, qui communique, vers l'Ouest, à la grande mer et touche, de ce côté, les rivages si rapprochés de l'Espagne et d'Afrique, se met en communication avec l'ultérieure par le détroit de Messine et par le canal qui sépare la pointe occidentale de la Sicile du cap Bon ; en Afrique, de l'autre côté de ce canal, on trouve pour borne à cette partie de la Méditerranée, la côté d'Afrique a peu près parallèle au mont Atlas qui serpente depuis Tunis jusqu'à Tanger.

C'est là, sur cette façade de l'Afrique qui regarde le Nord, que se trouve Ceuta, Septa ou Cita, qui, dépendant du royaume de Fez, dans l'empire du Maroc, est à 78 kilomètres de Tanger, par 35° 54' lat. N. et 7° 36' long. O. et à 32 kilom. N.-N. E. de Tétuan et forme une presqu'île à l'extrémité orientale du détroit de Gibraltar. Ceuta occupe l'emplacement de l'antique *Septum*, mentionnée avant Justinien, empereur d'Orient, et est défendu, du côté de la mer, par la montage escarpée d'Almina, l'*Abyla* des anciens, l'une des colonnes d'Hercule.

Depuis l'époque des guerres Puniques, l'action de l'Europe sur l'Afrique, et particulièrement sur les Mauritanies, s'était bornée à la conquête générale de leur territoire, faite par Bélisaire sur les Vandales, en 553, et à quelques prises partielles de possession pendant les dernières croisades.

L'empire Grec ne demeura maître de ces provinces que jusqu'en 643, époque à laquelle les arabes mahométans s'établirent en Afrique.

L'action de l'Afrique sur l'Europe, plus décisive et plus énergique, produisit l'invasion de la Péninsule par les Maures. Mais, malgré sept siècles de domination, ceux-ci furent refoulés sur les rivages d'où ils étaient partis.

L'effet de cette pression d'une multitude dépossédée sur une côte redevenue inculte et longtemps déserte, produisit bientôt des établissements importants des puissances barbaresques, et ce fut ainsi que Ceuta, qui passait pour imprenable, avait été grandement fortifiée par les Maures et était regardée comme une des villes les plus considérables de l'Afrique.

Maintenant que ces renseignements indispensables sont donnés, poursuivons le cours de notre récit.

Le Prieur de Crato et Alfonse Furtado apprirent au roi que l'on pouvait facilement se rendre maître de la place par un côté du rempart qui était mal fortifié, et que le débarquement pouvait s'effectuer sans grande difficulté par le couchant, vers l'île d'Almina, qui tient à la ville par une langue de terre située sur une canal profond ; ils ajoutèrent qu'en cet endroit, non-seulement on pourrait aborder avec les vaisseaux, mais encore loger les troupes.

Enfin, Alfonse Furtado termina l'entretien en assurant au roi que Ceuta serait à lui quand il le voudrait.

Les infants, qui avaient écouté en silence le rapport des envoyés, avaient peine à contenir leur joie en entendant exprimer une opinion qui répondait si bien à leur plus secret désir.

Le roi aussi se montra fort satisfait, et fit immédiatement vœu, si Ceuta était pris, de consacrer les mosquées au culte du vrai Dieu.

Il ne restait donc plus, pour tenter l'entreprise, que l'approbation d'une personne dont les avis étaient toujours reçus par le roi avec une grande déférence : de la reine.

Depuis longtemps déjà, l'infant Henri avait fait part de se son projet à sa mère, mais la sage et vertueuse princesse s'était prudemment abstenue de faire connaître son sentiment à cet égard, attendant que le roi crut devoir l'en informer.

Lorsque celui-ci lui eût soumis le plan de l'entreprise et lui eût exposé la grande gloire que les armes portugaises pouvaient en retirer, en même temps que le service signalé que la religion recevrait en substituant la croix au croissant sur la partie du sol africain qu'il convoitait, la reine l'approuva pleinement et le félicita d'associer ses enfants à une aussi sainte expédition.

Mais quand, emporté par son zèle, le roi ajouta que son dessein était de prendre lui-même le commandement des forces navales et militaires et de combattre en personne, la reine s'efforça de l'en dissuader, en lui représentant doucement que si elle n'était pas d'avis qu'il dut s'exposer, c'est qu'elle était plus inspirée encore par son zèle pour le bien du royaume, que par sa tendresse d'épouse, en pensant au péril dans lequel l'Etat se trouverait, si le prince qui devait l'autorité qu'il avait sur son peuple à sa fermeté et à ses grandes capacités administratives, venait soudain à lui manquer.

D'ailleurs, était-il nécessaire d'ajouter une victoire de plus à celles qui avaient porté si loin la renommée de Jean.

Il était tout naturel que les infants, qui avaient à gagner leurs éperons de chevaliers, cherchassent à se distinguer dans des combats contre les Maures. Mais lui, le roi, quel besoin de courir de nouveaux dangers, alors qu'il avait déjà obtenu plus d'honneurs que tous les autres souverains de son temps ! N'était-il pas infiniment plus sage qu'il se consacrât entièrement aux soins de son gouvernement.

En toute autre occasion, le roi se serait certainement rendu à ces sages observations, mais un scrupule l'en empêchait ; dans les diverses guerres qu'il avait eu à soutenir pour s'assurer la possession de son trône, il avait dû nécessairement, en maintes circonstances, verser le sang chrétien, et le prince, animé des sentiments religieux les plus sincères, se croyait les mains souillées par cette action bien naturelle cependant ; c'était pour les purifier qu'il voulait les laver dans le sang des infidèles et affranchir avec le sien propre, pour le consacrer au Christ, un temple où avait été invoqué si longtemps le nom de Mahomet.

La reine, ébranlée par ces considérations d'un ordre si élevé, n'osa pas insister ; mais le roi, dont la haute prudence égalait la sagesse, ne voulut pas se fier à ses propres impressions touchant une matière si délicate et résolut de s'en ouvrir au grand connétable du royaume, homme de beaucoup de sens et d'un jugement sain, qui pouvait utilement le conseiller.

Celui-ci fut complétement de l'avis de son roi, dont il louait les desseins comme chrétien, et qu'il approuvait comme homme de guerre.

A partir de ce moment, Jean ne balança plus, l'expédition était résolue dans son esprit, et il n'avait plus qu'à assembler les membres de son Conseil pour délibérer sur les moyens de faire réussir l'entreprise ; chaque conseiller dut, au préalable, s'engager par serment à garder le secret sur l'objet de la délibération et cet excès de prudence était justifié par les conséquences incalculables que pouvait avoir une indiscrétion qui eut suffi pour éveiller l'attention des Maures ; une fois ceux-ci sur la défensive, la prise de Ceuta, qui devait être enlevé par un coup de main audacieux, devenait fort problématique. Mais les conseillers du roi eussent pu être dispensés du serment ; c'étaient des hommes discrets, et comme tous les Portugais, animés d'un grand patriotisme ; aussi, lorsque le connétable D. Nuno Alvares Pereira eut pris la parole et commencé par déclarer qu'il rendait grâce à Dieu pour l'avoir laissé vivre jusqu'au moment où il voyait entreprendre une si noble et si sainte guerre contre les mécréants, l'infant Edouard dit à son tour qu'un homme de l'expérience du connétable, si profondément versé dans les choses de la guerre, ayant exprimé un tel sentiment, il ne pouvait que se féliciter, lui, d'être arrivé à un âge où il lui était permis de porter les armes avec honneur et de servir le roi.

Après ces déclarations, les conseillers approuvèrent tous le projet, et secondant les vues du roi, ils pensèrent comme lui, qu'il était nécessaire, pour détourner les yeux du monde du véritable but qu'il poursuivait, qu'on déclarât la guerre à la Hollande, pour avoir raison des actes de piraterie dont les hollandais se rendaient journellement coupables. Toutefois, cette déclaration, que l'écuyer de l'infant Fernand Fogaça fut chargé de notifier au comte de Hollande, ne fut qu'apparente, l'ambassadeur étant chargé secrètement de révéler à celui-ci les véritables desseins du roi son maître.

Bref, tout résolu, tout prévu, on ne s'occupa plus à la cour de Portugal que de tout préparer pour agir.

Mais à cette époque, où les moyens matériels étaient loin d'offrir les mêmes ressources que de nos jours, l'équipement d'une flotte demandait du temps, et depuis le jour où, pour la première fois, l'infant Henri avait entretenu son père du projet de prendre Ceuta, jusqu'au jour où le départ fut fixé, il se passa trois années qui furent employées, avec ce soin méticuleux que les portugais savent apporter en toutes choses, à ne rien négliger pour s'assurer la conquête préméditée.

L'infant Henri fut chargé de lever des troupes dans Beira, et le comte de Barcellos, son frère, d'en recruter entre Douro et Minho.

Lisbonne fut désigné comme lieu d'embarquement. Les équipages des bâtiments furent tirés d'Estramadura, d'entre Tejo et Guadiana et durent partir de Lisbonne.

Le prince Edouard, fils aîné du roi, fut chargé de l'administration du royaume, et le monarque, prenant lui-même le commandement de l'armada, convoqua les fidalgos et les seigneurs du royaume, pour qu'ils eussent à venir, avec leurs gens, se ranger sous les bannières des infants qui avaient la conduite des troupes. Un élan indescriptible, un enthousiasme indicible, s'étaient emparés de toute la Nation.

La fibre guerrière de tous ces intrépides soldats portugais, qui sont des héros sur les champs de bataille, était vivement excitée par tous ces préparatifs ; les personnages politiques se disaient bien qu'il était extraordinaire qu'on en fit de tels pour attaquer la Hollande, et se demandaient s'il n'existait pas quelque dessein secret qu'ils ignoraient, contre une puissance plus importante; mais le gros du peuple, les soldats s'en inquiétaient peu, tous ces hommes, braves, courageux et dévoués à leur roi, n'avaient qu'une pensée, se battre pour la patrie, le drapeau. Peu leur importait l'adversaire, pourvu qu'ils gagnassent de la gloire dans la guerre.

Ce fut un superbe spectacle que celui qu'offrit le port de Lisbonne, le jour où l'armada de l'infant Henri étant prête à prendre la mer, le roi l'appela.

Toute la population de la ville, réunie sur le quai, était impatiente de la voir apparaître, et les yeux fixés sur la mer, interrogeait curieusement l'espace infini.

Soudain, des cris de joie s'échappèrent de toutes les poitrines, les mains s'agitèrent, les cœurs battirent.

L'armada de l'infant s'avançait toutes voiles déployées, les flammes flottant au vent, brillamment équipée et montée par l'élite de la nation.

Mais ce fut bien autre chose encore quand on aperçu, parmi les gentilshommes qui entouraient l'infant, le noble Alvaro Gonçalves de Figueiredo, qui, à l'âge de 90 ans, était venu spontanément offrir son bras et son épée à son roi.

Pénétré d'admiration pour un tel empressement de la part d'un homme si avancé en âge, l'infant ne croyait pas devoir accepter ce dévouement, et il avait tenté de lui faire comprendre que le repos lui convenait mieux que les fatigues du service militaire ; mais le vaillant portugais ne l'entendait pas ainsi :

« — Tant que la chaleur circulera « dans mes membres, répondit-il, tant « que les forces ne m'abandonneront pas, « je ne cesserai de servir le roi, mon sei« gneur, partout où il ira. »

Belle réponse, bien digne d'un de ces grands hommes comme l'histoire du Portugal nous en montre tant, et qui furent l'honneur et la gloire de cette nation héroïque et chevaleresque.

Dès que le peuple aperçut le visage vénérable du digne vieillard, sa joie ne connut plus de bornes, et il fit retentir l'air du bruit de ses acclamations, dans lesquelles le nom du roi et ceux des infants revenaient sans cesse.

C'est que ce peuple, qui de nos jours encore est un modèle de fidélité à ses institutions monarchiques et recueille le fruit de cette sagesse, avait su apprécier les qualités et les vertus de ceux qui le gouvernaient, et ne négligeait aucune occasion de leur manifester sa gratitude, sa reconnaissance.

La suite de l'infant, portant ses couleurs, était nombreuse ; chaque seigneur avait avec lui des hommes d'armes qui, avec une foule d'escudeiros, formaient un imposant et magnifique assemblage de guerriers de toutes armes.

Et le renom du Portugal était déjà si grand, que des nations voisines étaient accourus nombre de gentilshommes, désireux de se ranger sous la bannière des princes valeureux qui allaient en guerre, sans qu'ils sussent même exactement quel était l'ennemi qu'ils auraient à combattre.

Ce fut ainsi que trois gentilshommes Français et un Anglais, venus avec plusieurs vaisseaux à la suite des archers et des troupes, déclarèrent être dans l'intention de se réunir à l'expédition, persuadés à l'avance que tous ceux qui y prendaient part en recueilleraient beaucoup de gloire et d'honneur.

L'escadre était donc réunie dans le port, et on n'attendait plus que l'ordre du départ, lorsque soudain la nouvelle d'un événement terrible se répandit :

La reine, la bien aimée compagne du roi Jean, la mère de ces valeureux infants qui étaient sur le point d'aller se mesurer avec les Maures, la vertueuse Filippa venait de mourir brusquement de la peste qui commençait à sévir à Lisbonne.

Ce fut comme un coup de foudre.

Le roi, tout entier à sa douleur, était hors d'état de prendre une décision relative à l'envoi de la flotte.

L'infant Edouard convoqua immédiatement le conseil, afin d'avoir son avis touchant la conduite qu'il devenait convenable de suivre.

L'assemblée émit deux opinions ; la première, basée sur les grands efforts faits jusqu'alors en vue de la guerre, consistait à prétendre que l'événement de la mort de la reine, tout affligeant qu'il fut, ne devait pas retarder le départ.

L'autre, au contraire, concluait à l'ajournement de ce départ qu'un mauvais présage signalait et qui pouvait être favorable au développement de la peste, eu égard à l'agglomération d'hommes que la guerre nécessitait.

Ces deux partis paraissant également s'affermir dans leur mutuelle façon d'envisager la situation, il fut convenu qu'on en référerait au roi, au risque de le troubler dans son pieux recueillement, et ce grand roi, faisant taire sa douleur extrême pour ne songer qu'à ses devoirs de souverain, se prononça pour le départ immédiat.

Bien plus, avec un courage et une force d'âme qu'on ne saurait trop louer, il ne voulut pas que le deuil étendit son voile de tristesse sur ce départ, et il ordonna à tous de déposer les habits de deuil et de se vêtir de couleurs claires.

Tout ce qui pouvait attrister le regard fut soigneusement écarté.

Tous les grands de la cour, à commencer par les infants, se parèrent d'habits d'or et d'argent, se couvrirent de brillantes armures et se montrèrent entourés d'un cortège éclatant.

Les vaisseaux furent élégamment pavoisés de pavillons et de flammes variés, les trompettes guerrières firent retentir les airs de joyeuses fanfares, et tout prit l'aspect d'une heureuse entrée en campagne.

Enfin, le 23 juillet 1415, c'est-à-dire quatre jours après la mort de la reine Filippa, le roi monta la galère commandée par son fils, le comte de Barcellos, et le lendemain, fit jeter l'ancre auprès de Sainte-Catherine de Ribamar, afin de hâter la réunion de toutes les troupes.

Puis, le 25, jour de Saint-Jacques, il

se rendit à bord de son propre vaisseau, et ordonna aux trompettes de sonner le signal qui fut répété sur tous les bâtiments.

Quelques minutes plus tard, toute la flotte prenait la mer.

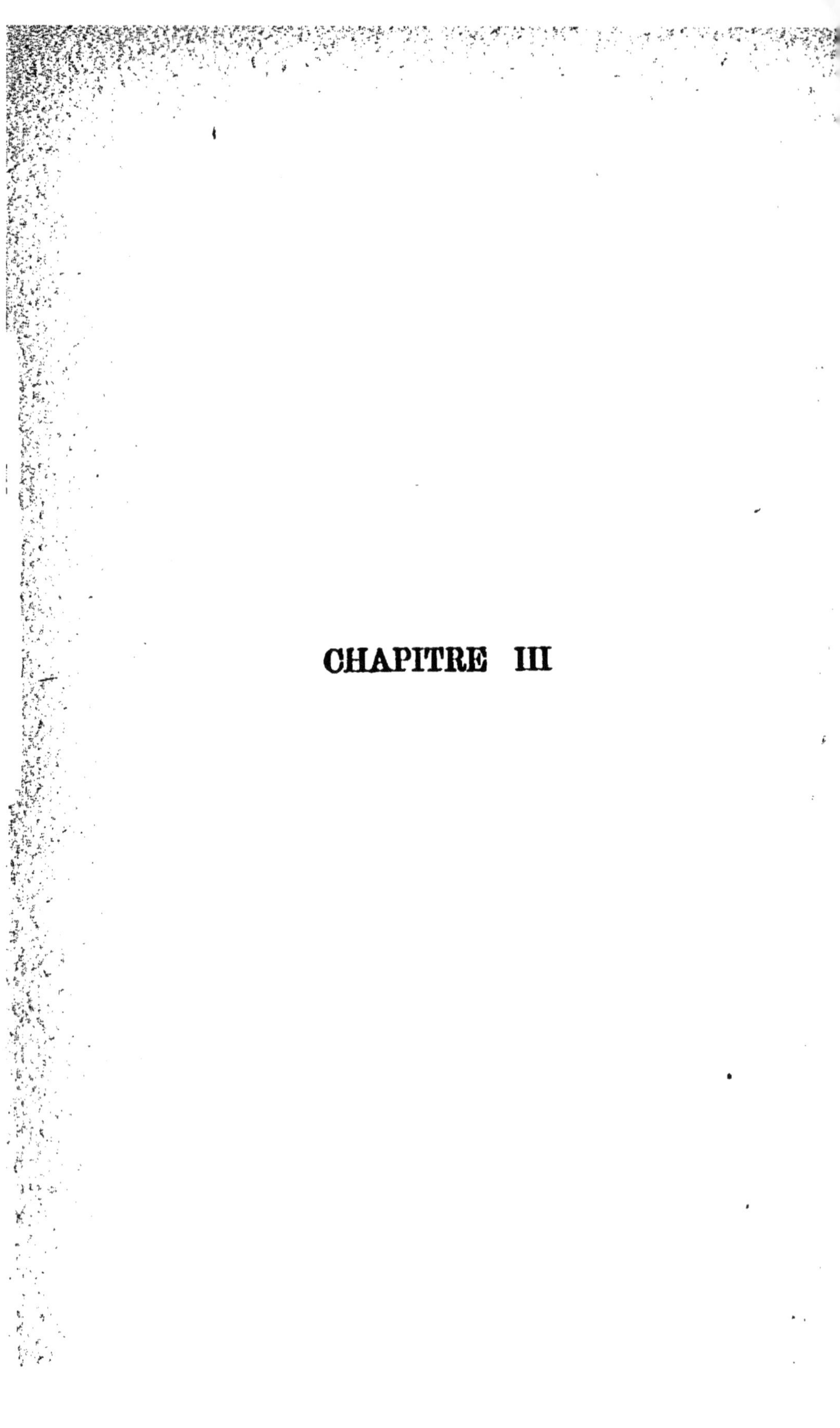

CHAPITRE III

CHAPITRE III

Composition de l'armada. — Nobles portugais qui prirent part à l'expédition. — Arrivée devant Ceuta. — Les tempêtes. — Zala-Ben-Zala, gouverneur de Ceuta. — Le débarquement.

A en juger par le nombre de bâtiments qui la composait, l'armada était d'une importance qui pouvait donner à réfléchir aux nations qui n'avaient pas vu sans inquiétude la réunion de forces aussi considérables.

Elle comptait trente-trois gros vaisseaux, cinquante-neuf galères, dont vingt-sept à trois rangs de rames et trente-deux à deux rangs, et cent vingt petits bâtiments armés en guerre.

Les historiens du temps ne donnent pas le chiffre du nombre de soldats, toutefois, les plus anciens documents l'estiment à environ 50,000. Presque toute la noblesse portugaise suivait le roi.

L'un des plus illustres fidalgos, Dom Pedro de Menezes se distingua en fournissant à lui seul cinq vaisseaux. Parmi les noms célèbres de ceux qui avaient déjà dignement versé leur sang en combattant aux côtés du roi contre la Castille, et qui tinrent à honneur de prendre part à l'expédition de l'infant Henri, voici ceux que nous a transmis l'histoire :

Après le Roi et les Infants, venaient :

Dom Fernando de Bragança.

D. Affonso de Cascaes.

Le connétable dom Nuno Alvares Pereira.

D. Lopo Dias de Souza, grand-maître de l'ordre du Christ.

D. Alvaro Gonçalves Camello, prieur de Crato.

D. Lançarote Passanha, almirante.

D. Pedro de Menezes.

D. Vasco Annes Corte Real.

Le comte de Viarma, enseigne de l'infant Edouard.

D. Alvaro Gonçalves de Figueiredo.

D. Affonso Furtado de Mendonça, capitaine major de la mer.

D. Gonçalves Vasques Coutinho.

D. Joao de Noronha.

D. Henrique de Noronha.

Fernando Chamorro.

D. Joao de Castro.

D. Fernando de Castro.

D. Lopo Alvares de Moura.

D. Gonçalves de Souza.

D. Alvaro Perez de Castro.

D. Pedro de Castro, fils du précédent.

Martim Affonso de Mello, premier capitaine de la flotte.

D. Nuno Vasques de Castello Branco, grand veneur.

D. Lopo Vasques de Castello Branco.

D. Gil de Castello Branco.

D. Joao de Castello Branco.

D. Diogo de Castello Branco.

D. Alvaro Mendes de Cerveira.

D. Mendo Affonso de Cerveira.

D. Alvaro Nogueira.

D. Vasco Martins de Carvalhal.

D. Gonçalo Vaz de Castello Branco.

D. Joao Escudeiro.

D. Alvaro Gonçalves da Maya.

D. Gonçalo Vasques, seigneur de Sobreda.

D. Joao Vasques d'Almeida.

D. Pedro d'Almeida, fils du précédent.

D. Alvaro d'Almeida, frère du précédent.

D. Nuno Martins da Sylveira.

D. Diego Gomes da Silva.

D. Joao Gomes da Silva, enseigne porte-drapeau du roi.

D. Gil Vaz da Cunha.

D. Alvaro da Cunha.

D. Gonçalves Lourenço.

D. Diego Soares.

D. Joao Rodrigues Comitre.

D. Vasco Martins d'Albergaria.

D. Pedro Laurenço de Tavora.

D. Estevao Soarez de Mello.

D. Rodrigo de Refoyos.

D. Alvaro Fernandes Mascarenha.

D. Joao Gonçalves Homeno.

D. Joao Alvares Pereira.

D. Laurenço Gonçalves de Gomide, secrétaire d'Etat.

D. Joao Affonso de Santarem.

D. Gonçalvo Mendes Barreto.

D. Alvaro Gonçalves d'Athaïde, grand maître de la maison de l'infant dom Pedro, depuis premier comte d'Atongia.

D. Vasco Fernandes d'Athaïde.

D. Gil Vasques, Joao d'Athaïde.

D. Pedro Peixoto.
D. Joao Rodrigues Taborda.
D. Fernao Vasques de Sequeira.
D. Martim Lopez d'Azevedo.
D. Joao Gonçalves Zarco.
D. Ruy Gonçalves.
D. Garcia Moniz.

Tous seigneurs de mérite et aussi recommandables par leur courage que que par leur haute naissance.

Le roi avait pris le commandement en chef.

L'infant Pierre commandait les vaisseaux et le comte de Barcellos les troupes embarquées sur les galères.

Poussée par une brise favorable, la flotte doubla, le lendemain de son départ, le cap Saint-Vincent qu'elle salua; ce cap, c'était le *sacrum promontorium* des anciens, la pointe S. O. du Portugal, l'extrémité de l'Europe. Là perçait déjà l'avenir des grandes navigations pour le grand Infant, l'avenir des conquêtes voisines pour le roi. La flotte arriva dans la baie de Lagos où le roi fit jeter l'ancre.

Le lendemain, les principaux officiers étant descendus à terre, entendirent la messe à la cathédrale, et le roi, trouvant le moment propice pour leur apprendre enfin le véritable but de l'expédition, résolut de rompre le secret qui avait été si fidèlement gardé, et chargea Jean de Xira, son prédicateur, de publier la bulle qu'il avait obtenue du Saint-Siège en faveur de ceux qui prendraient part à la croisade contre les infidèles.

Cette communication fut le signal d'un grand enthousiasme de tous ceux qui composaient l'armada.

Après s'être préparé à l'œuvre sainte par la communion, on reprit la mer jusqu'à Faro, où on dut rester jusqu'au 7 août, par suite de l'absence complète de vent.

Mais, ce jour-là, une brise de l'ouest s'étant élevée, la flotte ne tarda pas à paraître en vue des places fortes de l'Andalousie, où une panique se répandit, quand on vit un tel déploiement de forces. Mais la flotte poursuivit sa route. Après quatre jours de navigation, on découvrit les côtes de la Barbarie ; on passa le détroit pendant la nuit, et on mouilla devant Tarifa, ville dont Martim Fernandes Porto Carrero était gouverneur pour le compte du roi de Castille.

Ce seigneur était de race portugaise et oncle de Dom Pedro de Menezes, comte de Vianna. Aussitôt qu'il sut que le roi était sur la flotte, il lui envoya sur le champ son fils, chargé de lui offrir des rafraîchissements.

Le roi ne les accepta pas ; mais il reconnut cette attention par de riches présents, qu'il accompagna de marques d'estime.

On était déjà bien près de Ceuta; mais le roi ne voulut pas alarmer la place, et afin qu'on ne soupçonnât point ses desseins, il fit lever l'ancre et tourner vers Gibraltar.

Ces mouvements amenèrent un retard de quelques jours, pendant lequel les inquiétudes les plus vives ne cessèrent d'agiter les Maures. L'armée portugaise était impatiente d'engager l'action.

Le roi fit mettre à la voile le 12 août, pour marcher sur Ceuta ; mais soudain, un gros vent s'éleva, un brouillard épais enveloppa la flotte, des vagues furieuses assaillirent les bâtiments, et les vaisseaux de ligne furent chassés par le courant vers Malaga.

La division que commandait Estovao Soares de Mello, échappa seule à la fureur de la mer ; il alla mouiller avec les galères, les flûtes et quelques petits bâtiments, dans le voisinage de Ceuta.

Aussitôt, les Maures se hâtèrent de fermer les portes et de prendre toutes les précautions de défense possible.

Ceuta, dont le port bien fortifié était

excellent pour les navires, avait pour gouverneur Çala-Ben-Çala, descendant des rois Ben-Merins, qui était, en outre, seigneur des seigneuries de Tanger, Arzille et autres villes mauresques.

C'était un homme recommandable par sa valeur, ses talents pour la guerre et sa prudence dans les conseils.

A la vue de l'armada portugaise, les Maures se crurent tous perdus et s'empressèrent de courir à la mosquée, implorer la protection d'Allah.

En un moment, ce fut une confusion et une peur générale chez tous les habitants ; mais Çala-Ben-Çala qui, depuis longtemps, était habitué aux luttes et aux combats, ne s'épouvanta pas, et conservant toute sa présence d'esprit, il s'empressa de rassurer les plus timorés et fit immédiatement partir des courriers pour Saïd, roi de Fez et des îles voisines, afin de l'informer du péril imminent dans lequel il se trouvait, en le conjurant de lui envoyer, sur l'heure, de prompts et utiles secours.

Puis, il parcourut les remparts, examina les fortifications de la ville, se rendit compte de tout, et attendit les événements.

En recevant l'avis qui lui était donné, le roi de Fez ne perdit pas de temps à se lamenter, mais, au contraire, avec la plus grande activité, il assembla toutes les troupes dont il put disposer et s'empressa de leur donner ordre d'aller se mettre à la disposition du gouverneur de Ceuta.

Çala-Ben-Çala, aussitôt ce renfort reçu, distribua son armée, qui se trouvait de la sorte portée, disent certains chroniqueurs, à près de 100,000 hommes, au centre de la ville, derrière les remparts et sur tous les endroits de la côte les plus exposés, bien résolu à exterminer l'armée portugaise ou à s'ensevelir sous les ruines de la ville dont il avait la garde.

Le hardi capitaine des Maures, comptant sur la supériorité numérique de ses forces militaires, voulut avoir la gloire d'attaquer le premier, et il donna l'ordre à ses soldats d'ouvrir le feu contre les vaisseaux du Portugal, ce qui fut exécuté.

La flotte répondit énergiquement; mais prise quelque peu à l'improviste, elle eut à souffrir de cette agression.

On envoya à terre quelques soldats, et les Maures, croyant que c'était un défi qui leur était adressé, s'empressèrent de se porter à leur rencontre.

Un corps nombreux de musulmans fondit alors sur les portugais et le combat s'engagea avec fureur.

La victoire fut disputée pied à pied. On lutta corps à corps, on se battit avec une extrême ardeur de part et d'autre; mais si les Maures avaient le courage, les portugais y joignaient la science militaire, et après une lutte acharnée, les musulmans exténués, couverts de blessures, rentrèrent dans la place, laissant sur le sol qu'ils abandonnaient, de nombreux cadavres, preuves éclatantes de la victoire des portugais.

La mer était devenue calme. — Le roi Jean résolut de se rendre, avec les vaisseaux qui avaient été obligés, par la tempête, de se réfugier sur la côte d'Espagne, au port de Barbaçote, qui est au levant de Ceuta, et d'y réunir toute la flotte, afin de tenter de suite le débarquement.

En conséquence, l'infant D. Henri reçut l'ordre de rassembler toutes les galères et de les amener à Barbaçote.

Il se hâta d'obéir, dirigea vers le point indiqué tous les bâtiments dont il avait le commandement, et le 16 août, toute la flotte se trouvait au complet.

Cette heureuse manœuvre fut saluée par des salves d'artillerie dont le bruit excitait l'ardeur belliqueuse des soldats qui demandaient hautement à se mesurer avec l'ennemi.

Le roi, déterminé à ne pas tarder davantage à profiter de ces bonnes dispositions, décida que le débarquement s'effectuerait le lendemain.

Cette déclaration fut accueillie par une explosion de joie unanime. Jamais soldats portugais ne s'étaient montrés plus désireux de châtier les Maures qu'ils abhorraient.

Mais ce plan devait être encore une fois déjoué par les éléments.

Une tempête si violente s'éleva tout à coup, que la flotte se vit obligée de lever l'ancre et de prendre le large, si elle voulait éviter de faire naufrage dans le port.

Les galères, bâtiments légers, allèrent se réfugier à Algésiras ; mais les vaisseaux de ligne, beaucoup plus lourds, furent entraînés par les courants et les vagues vers Malaga.

Ces contre-temps, sans pour cela

abattre l'énergie des troupes, exerçaient cependant sur elles un fâcheux effet, en ce sens que, la superstition s'en mêlant, on commençait à croire que l'expédition ne réussirait pas, parce qu'elle n'était pas approuvée par le ciel, qui déjà, par deux fois, s'était manifestement déclaré contre elle.

Il était temps de faire cesser ces versions dangereuses.

Les Maures, eux, en voyant les vaisseaux portugais lever l'ancre et prendre le large, pensèrent qu'ils se retiraient définitivement, et se crurent désormais hors de danger. Mais ils se trompaient ; ce qui eut pu les sauver, précipita leur perte. Voici comment :

Dans la supposition qu'ils avaient faite de la retraite de la flotte, les principaux personnages de Ceuta persuadèrent à Çala-Ben-Çala que les troupes qu'il avait fait venir du dehors, étaient une charge considérable pour la ville ; que nombre de ces soldats, particulièrement les Berbères, étaient des hommes violents, indisciplinés, dont la présence était un danger permanent pour la population ; bref, ils demandèrent au plus vite le renvoi de ces auxiliaires inutiles et couteux.

Çala-Ben-Çala, qui ne doutait pas que sa fermeté et le renom de sa réputation militaire n'en eussent imposé aux ennemis, ne douta pas non plus que ceux-ci ne fussent partis, n'osant pas se mesurer avec un adversaire tel que lui, et il consentit, sans trop se faire prier, à congédier les troupes que lui avait envoyées le roi de Fez, ne gardant à peu près que la garnison ordinaire.

Cependant, dès que la tempête fut calmée, le roi de Portugal, qui était à Algésiras, donna de nouveau l'ordre à l'infant Henri de rassembler les vaisseaux pour marcher contre Ceuta. Le noble prince, aussi actif que courageux, s'occupa, pendant la nuit, de mettre cet ordre à exécution, et il eut, en se livrant à ce soin, l'occasion de sauver la vie à tout l'équipage d'un gros vaisseau qui allait couler bas.

Ce navire avait, au milieu de l'obscurité, abordé un autre bâtiment et subi par ce choc de si fortes avaries, qu'il faisait eau de toutes parts : en entendant les cris de l'équipage, l'infant n'écouta que son cœur ; il cingla dans la direction du bruit et reconnut que le vaisseau en péril était celui de Joao Gonçalves Homem.

Sans tarder, il se mit, comme eut pu le faire un simple soldat, à travailler à l'allègement du navire et à la réparation de ses avaries, et bientôt, grâce à son secours efficace, le bâtiment et l'équipage purent être sauvés.

La flotte entière étant à Algésiras, le roi, fermement résolu à attaquer Ceuta, assembla son conseil et demanda qu'un plan général d'attaque fut arrêté, de façon que les efforts de chacun fussent dirigés avec ensemble et dans un but déterminé.

Comme il arrive souvent en pareille circonstance, les avis étaient différents parmi les conseillers.

Quelques-uns même, doutant du succès sans cependant donner des raisons plausibles, demandaient à retourner en Portugal.

D'autres voulaient qu'on s'emparât de Gibraltar.

Enfin, quelques-uns opinaient pour l'attaque immédiate de Ceuta, mais ce n'était pas le plus grand nombre; les deux tempêtes essuyées depuis le départ, avaient fait un tort considérable à l'expédition, beaucoup de vaillants hommes d'armes pensant qu'il fallait les considérer comme des avertissements du ciel et ne pas passer outre.

Les infants, le connétable et quelques grands du royaume étaient pour l'attaque immédiate. Dom Henri essaya de rallier les timides et les hésitants à son opinion, et il fut assez heureux pour y parvenir.

Il s'éleva avec le calme d'un homme sûr de lui et combattit la superstition, en disant hautement, qu'il ne fallait pas ajouter foi à de prétendus présages enfantés par l'imagination; grâce à sa parole éloquente, il leur prouva que la guerre entreprise était une guerre sainte et juste, et que Dieu ne pouvait que bénir une expédition dirigée contre les Musulmans.

Puis, il essaya de faire comprendre combien une retraite serait peu honorable pour les armes portugaises, qui avaient vaincu les Castillans et se retireraient devant des mécréants.

Il n'en fallut pas davantage pour ramener les esprits à une saine appréciation de la situation; l'infant avait été si persuasif, il avait parlé avec tant de cœur et de patriotisme, que ceux-là même qui avaient pensé qu'il fallait rentrer en Portugal, montrèrent qu'ils avaient cédé à un mouvement irréfléchi en conseillant une telle issue à l'expédition, et tous furent d'avis qu'il fallait attaquer Ceuta.

Restait à débattre la question de détail. Le roi voulait attaquer du côté d'Almina, en raison de ce que cette île était presqu'unie à la ville.

Chacun se rangea à cette opinion.

Le roi se souvenant alors de la promesse qu'il avait faite à son fils Henri de lui permettre de descendre le premier à terre pour combattre, le nomma capitaine général de l'armée et lui donna l'ordre d'aborder le premier Ceuta et d'aller jeter l'ancre du côté de l'île d'Almina, avec un certain nombre de vaisseaux, tandis qu'il se rendrait lui-même vers le côté opposé au château, avec le gros de la flotte.

Ce projet était habilement conçu.

Les Maures, occupés à repousser les attaques du gros de la flotte, porteraient naturellement peu d'attention à celle de l'infant, et au signal de celui-ci, la flotte débarquerait pour le renforcer.

Tout cela étant bien arrêté, l'infant Henri fit lever les ancres et partit enflammé d'ardeur.

Les Maures, à la vue de cette flotte qui venait aborder devant les murailles de Ceuta, furent stupéfaits ; mais, pour continuer le système d'intimidation qu'ils croyaient leur avoir réussi, ils affectèrent de ne montrer aucune inquiétude et firent des illuminations pendant la nuit, de façon à laisser voir la joie qu'ils éprouvaient de se trouver en face de l'ennemi.

Les Portugais répondirent à ces démonstrations de la même manière, c'est-à-dire par des illuminations et des cris de joie.

La nuit se passa chez ceux-ci à tout préparer pour le débarquement ; chez les Maures à organiser la défense. Mais Çala-Ben-Çala était loin d'être rassuré, et quand il put se faire une idée de l'importance des forces navales et militaires dont les

Portugais disposaient, il regretta amèrement d'avoir cédé au conseil qui lui avait été donné de renvoyer les troupes auxiliaires qui étaient venues renforcer les siennes, et son premier soin fut de faire immédiatement partir des émissaires, dans le dessein de les exhorter à revenir au plus vite.

Et afin de relever un peu le courage des défenseurs de la place, il assembla à la hâte les principaux officiers et leur persuada qu'Allah, satisfaisant enfin leurs plus chers désirs, leur donnait le moyen de se signaler contre les chrétiens.

« — Dégoûtés de l'oisiveté qu'en-
« gendre la paix, leur dit-il, nous soupi-
« rions après l'occasion d'acquérir de
« l'honneur et de réveiller notre vail-
« lance endormie. Eh bien ! voici devant
« vous un ennemi qui, enorgueilli par
« les faveurs de la fortune, a l'audace de
« venir nous attaquer sur le sol maures-
« que, dans nos demeures, comme si ce

« n'était pas assez qu'il fût parvenu à
« conquérir des royaumes.

« Les Portugais prétendent que leurs
« ancêtres, les ennemis irréconciliables
« des serviteurs de Mahomet, leur ont
« légué des droits sur les territoires qui
« sont les nôtres, et, fiers de leurs vic-
« toires passées, ils viennent aujourd'hui
« tenter de s'emparer de Ceuta ; mais ils
« échoueront honteusement; tant qu'il me
« restera une goutte de sang dans les
« veines, avec l'aide de guerriers tels que
« vous, je saurai empêcher que ces Por-
« tugais superbes ne réalisent leurs pré-
« tentions; et si j'ai consenti à renvoyer
« les secours que le roi de Fez avait mis
« à ma disposition, c'est que je n'ai pas
« voulu que vous partagiez avec ces
« troupes l'honneur dont vous allez vous
« couvrir en défendant ces murailles.

« Nous avons plus de forces qu'il
« nous en faut, puisque nous avons pour
« nous la justice, et vous verrez comment
« Allah, ce juge équitable des actions

« humaines, nous dédommagera de l'in-
« sulte que nous subissons, en nous livrant
« tous ces vaisseaux qui serviront à aug-
« menter notre flotte. — Courage donc,
« soldats, rendez-vous à vos postes de
« combat, et souvenez-vous que chaque
« pierre de cette forteresse va devenir un
« monument de votre gloire. — Regardez
« ces mosquées, qui, sans vous, sont mena-
« cées des profanations de ces chrétiens
« maudits. — Jetez les yeux sur vos fem-
« mes et vos enfants, qui attendent que
« vous les défendiez, et rappelez-vous ce
« qu'il vous a fallu de temps et de peine
« pour acquérir les richesses dont on
« veut vous dépouiller. — Voilà à quoi
« vous devez penser et non aux songes
« creux de ces prétendus prophètes qui,
« se disant inspirés du ciel, avilissent vos
« courages et vous persuadent que la
« perte de cette cité est résolue. — Insen-
« sés qui ne voient pas que Ceuta pris,
« c'est le culte de Mahomet renversé.
« Souffrirez-vous un tel affront ! »

Ce discours témoignait plutôt les craintes dont l'esprit de Çala-Ben-Çala était assiégé, que l'enthousiasme militaire, et d'ailleurs, ce qui prouvait que le chef musulman ne se faisait d'ailleurs guère d'illusions sur le résultat probable de la lutte, c'est que tout en ayant l'air de pousser ses soldats à une défense désespérée, il ne songeait qu'à se dérober au péril ; il avait conçu le projet de quitter Ceuta dans la nuit même, en compagnie de quelques personnes qui lui étaient dévouées ; mais celles-ci lui représentèrent combien la fuite, dans de semblables circonstances, attirerait sur leur tête la colère du prophète et il se décida forcément à rester à son poste, bien persuadé que c'était se résigner à la défaite et peut-être à la mort.

Le roi de Portugal, lui, prenait toutes les dispositions que lui suggérait son esprit rompu aux choses de la guerre, et bien qu'il se fut blessé à la jambe en sautant de la galère dans une chaloupe, il continuait à donner ses ordres, afin que les bateaux fussent prêts à aborder aussitôt que l'infant D. Henri se serait rendu maître de la plage.

Celui-ci, confiant dans la protection divine, demanda à son premier chapelain, Martim Paes, d'absoudre l'armée dans la forme prescrite par la bulle de la croisade, et tous les soldats et les marins s'agenouillèrent pieusement pour recevoir la bénédiction du saint prêtre.

Aussitôt après, l'infant prit à son tour la parole, et s'adressant à ses troupes :

« Soldats, leur dit-il, nous commen-
« çons notre glorieuse entreprise et vous
« tenez sans doute à honneur de combat-
« tre les premiers. — Assurément, nous
« n'avons jamais pris les armes pour une
« cause plus noble et plus sainte; vos
« exploits passés ont été en faveur de la
« patrie, ceux-ci seront pour le triomphe
« de la religion; c'est Dieu qui va triom-

« pher par vous, les instruments qu'il a
« choisis pour la victoire.

« Montrez-vous dignes de ce choix
« en vengeant les outrages faits au nom
« chrétien, par la conquête d'une ville
« qui est un lieu de blasphêmes.

« Faire la guerre aux infidèles, c'est
« l'engagement que vous avez pris en
« naissant chrétiens et plus encore en
« naissant Portugais.

« Pour moi, dont les obligations dé-
« passent les vôtres, je puis vous assurer
« que je n'exposerai point votre sang, tant
« qu'il m'en restera du mien dans les
« veines.

« Heureux aux yeux du ciel et du
« monde, celui qui arborera le premier
« sur ces murailles les drapeaux de son
« roi ou scellera par son sang l'amour
« dont il brûle pour son Dieu.

« Toujours la patrie et la religion lui
« assigneront la première place parmi les
« vainqueurs. Marchons ! »

Pendant ce discours, Joao Fogaça, intendant de la maison du comte de Barcellos, ne sachant point ce qui arrêtait Dom Henri, dont il était trop éloigné pour entendre la voix, et impatient de se signaler, fit avancer sa chaloupe vers la plage et sauta à terre en même temps que Ruy Gonçalves.

Tous deux fondirent impétueusement sur les Maures.

De son côté, l'infant D. Henri, suivi de son premier porte-étendard, Rodrigo de Refoyos, et d'Estevao Soares de Mello, donnait l'ordre aux trompettes de sonner.

C'était le signal du débarquement.

CHAPITRE IV

CHAPITRE IV

Combats nombreux. — Belle conduite de l'infant. — Défense désespérée des Maures. — Fuite de Çala-Ben-Çala. — Ceuta est pris. — Les infants sont armés chevaliers. — Retour en Portugal.

Les craintes chimériques qu'avaient fait naître les deux tempêtes qui étaient venues contrarier, tout d'abord, les évolutions de l'armada, s'étaient vite évanouies aux premiers mots de débarquement qui avaient été prononcés, et les soldats ne doutaient pas maintenant qu'une prompte victoire ne vint couronner leurs efforts.

Chacun, les yeux dans la direction de Ceuta, semblait se demander quelle part il allait conquérir de cette terre qui n'attendait que la délivrance.

Les Maures accoururent sur le rivage, poussant des cris sauvages et brandissant leurs armes avec fureur.

L'infant, brûlant du désir de les attaquer, au lieu de passer sur la planche qui devait servir de passerelle, sauta dans un canot qui était tout près, et de là à terre.

Un combat acharné s'engagea.

Un musulman se distinguait surtout des autres par sa valeur et son intrépidité ; doué d'une taille colossale, ce qui lui donnait une grande considération parmi les siens, qui le regardaient comme leur soutien et leur vengeur, il frappait avec une force extraordinaire, et menaçait de faire de nombreuses victimes ; mais Ruy Gonçalves l'aperçut, et fier de se trouver en face d'un tel ennemi, il courut à lui, l'atteignit, et lui porta un si vigoureux coup de lance, que le barbare tomba noyé dans son sang.

Ce début des armes portugaises impressionna péniblement les Maures qui y virent un sinistre présage.

Plus de cent cinquante soldats étaient débarqués, et l'infant Edouard, accompagné de Martim Affonso de Mello, de Vasco Annes Corte Real et de plusieurs autres seigneurs, vint seconder son frère dont les armes étaient déjà teintes du sang des infidèles.

Ce nouveau secours rendit le combat terrible.

Les Maures, voyant que l'infant Henri faisait tous ses efforts pour arriver à la porte d'Almina, redoublaient d'ardeur pour lui en disputer l'entrée ; mais ils avaient affaire à forte partie. Exaltés par la bravoure de l'infant, qui se portait sans cesse avec témérité au devant du danger, les Portugais s'élancèrent comme des lions dans la mêlée, renversant tout sur leur passage, culbutant l'ennemi, le terrassant, et bientôt la porte fut enlevée.

Vasco Annes Corte Real la franchit le premier, en se faisant jour à grands coups d'épée, et il fut suivi immédiatement par l'infant Edouard.

Derrière eux, venaient trois cents hommes qui chargèrent l'ennemi avec tant de feu et de furie, qu'ils le repoussèrent jusqu'aux portes de la ville.

Dans une position si avantageuse, l'infant Henri fit ranger ses soldats en ordre de bataille, et résolut d'attendre le roi, son père, qui opérait et surveillait le débarquement général. Mais le sang portugais bouillonnait dans ses veines; attendre, pour un héros, c'est se consumer d'impatience ; bientôt, lui et son frère Edouard, n'écoutant que leur impétuosité, se décidèrent soudainement à chasser les Maures devant eux et à pénétrer avec leur petite troupe dans la place.

C'était tenter l'impossible.

Mais on le sait, sur les champs de

bataille, les Portugais ne connaissent aucun obstacle, et le dernier des soldats a le même courage que le premier capitaine.

Le noble infant, suivi de sa vaillante troupe, s'engagea donc résolument dans un chemin qu'il se fraya à travers les Maures, qui tombaient sur son passage comme tombent les épis sous la faucille des moissonneurs, frappés de grands coups d'estoc et de taille. Les vieux chroniqueurs et historiens racontent un trait de courage que nous rapportons sans y rien changer :

« Le plus redoutable de ces barbares était un Maure d'une taille énorme et d'un air affreux, son teint était noir, ses cheveux crépus, ses dents longues et blanches, ses lèvres épaisses et son corps était tout couvert de poil, comme celui d'une bête féroce.

« Né dans les déserts de ces contrées, il marchait nu, sans autres armes que sa fronde et des pierres qu'il lançait avec autant de raideur que d'adresse.

« Ces traits d'un nouveau genre, pleuvaient sur nos soldats.

« Comme ce barbare était non-seulement très-adroit, mais se tenait à une certaine distance pour pouvoir faire usage de ses armes, il était à l'abri de nos coups, et nous accablait des siens.

« Celui qu'il lança à un combattant appelé Vasco Martins d'Albergaria, fut si violent, que celui-ci en eût la visière de son casque emportée et reçut une grande contusion au visage.

« Mais ce fut le dernier exploit du Maure ; le brave Portugais courut à lui, comme il se préparait à lui porter un second coup mieux ajusté que le premier, et lui passa sa lance au travers du corps.

« Le Maure, écumant de rage et songeant encore à se venger, mourut tenant la pierre à la main. »

Cette mort répandit une telle épouvante parmi les Musulmans, qu'ils se réfugièrent dans la ville, tout en désordre, comme si leur courage eut expiré avec le soldat colosse qu'ils venaient de perdre.

L'infant se hâta de profiter de cette panique et entra dans la place avec plusieurs des siens, écartant à grands coups d'épée les Maures qui osaient faire face pour lui résister.

Vasco Martins d'Albergaria ne s'en tint pas à son premier exploit ; il se précipita à la poursuite des Maures et renversa tout sur son passage, et après avoir fait de nombreuses victimes, il eut l'honneur de se trouver aux côtés de l'infant, lorsque celui-ci mit le pied dans l'enceinte ennemie.

La première porte était prise, et en quelques instants, cinq cents guerriers, appartenant à la fleur de la noblesse portugaise, se pressèrent sur les pas de leur vaillant chef qui, sur l'avis émis par son frère Edouard, se hâta de s'emparer d'une porte élevée d'où ils pouvaient observer tout ce qui allait se passer, tandis que les chevaliers du Christ leur faisaient un rempart de leur corps; et la réputation de ces vaillants guerriers était telle, que tous tremblaient devant eux.

Aussitôt, les trompettes sonnèrent et l'étendard de l'infant fut arboré sur le haut de la porte conquise aux cris mille fois répétés de : Vive l'infant Dom Henri.

Cependant, Çala-Ben-Çala ignorait encore ces événements, bien qu'il eût placé des hommes en différents postes d'observation, pour qu'il pussent le tenir au courant de la situation exacte ; mais la rapidité du succès de l'infant ne leur en avait pas donné le temps, et dans ce combat si décisif, on vit bien que le ciel secondait les efforts des chevaliers chrétiens, au milieu desquels brillait l'éclatante bannière du Christ.

Du haut du château-fort, Çala-Ben-Çala observait attentivement le gros de l'armée portugaise, et voyant qu'il ne faisait aucun mouvement, il pensait que le débarquement se ferait de ce côté là, et il considérait déjà l'inaction des Portugais comme un indice de la victoire qu'il désirait remporter sur eux.

Soudain, il vit lever l'ancre et donner l'ordre de se préparer.

La lutte allait commencer.

Il était prêt.

Au même instant, plusieurs émissaires se présentèrent à lui pour l'informer qu'un détachement ennemi avait réussi à débarquer du côté de la porte d'Almina.

Surpris par cette nouvelle inattendue, Çala-Ben-Çala ne s'en effraya cependant pas outre mesure, et à l'instant, il rassembla des troupes pour les envoyer à la rencontre de ces impudents Chrétiens.

Mais à peine avait-il eu le temps

d'organiser la défense, qu'un exprès entra tout effaré, pour lui apprendre que la porte d'Almina était au pouvoir de l'ennemi, qui après s'en être emparé, s'était installé en vainqueur dans la place.

Çala-Ben-Çala resta un moment muet de stupeur.

Nous avons dit qu'en son for intérieur, il ne conservait pas un grand espoir d'arriver à forcer les Portugais à la retraite ; mais, il était si loin de penser qu'ils entreraient de la sorte, qu'il en ressentit un coup terrible.

Néanmoins, décidé à faire son devoir jusqu'au bout, il commanda de se fortifier au plus vite dans le château, et de défendre pied à pied toutes les issues de la ville.

Puis, choisissant un des chefs qu'il savait avoir le plus d'empire sur les troupes, il le chargea de haranguer les soldats en leur représentant la honte qui allait rejaillir sur le nom musulman, lorsqu'une pareille défaite serait connue, et de les exhorter à reprendre au plus vite la porte tombée par surprise aux mains de l'ennemi.

Le capitaine maure sortit pour exécuter cet ordre, et bientôt, il n'y eut pas dans Ceuta un seul homme qui ne fut armé pour la défense de la ville ; chacun s'était procuré ce qu'il avait pu trouver et s'en était fait une arme.

Mais, tous ces efforts individuels de gens combattants avec l'énergie du désespoir, manquaient de plan d'ensemble et ne pouvaient que retarder de quelques heures le dénoûment de la lutte, qui devait fatalement aboutir à la défaite complète des Maures.

Ceux-ci s'étaient portés en foule à la porte d'Almina, mais l'infant Henri, comprenant l'importance de la possession de ce point qui devait favoriser l'entrée des secours du roi, était résolu de le défendre jusqu'à la dernière goutte de son sang.

Avec l'aide de sa petite troupe de gentilshommes, il fit des prodiges de valeur et parvint à rester maître du poste conquis, jusqu'à l'arrivée de quelques nouvelles troupes, dont la présence commençait à devenir grandement nécessaire.

Mais à peine eut-on ce secours, que lés seigneurs qui combattaient si vaillamment aux côtés de l'infant, voulurent étendre leur conquête et s'engager dans l'intérieur de la ville; c'était une grande témérité, en raison du nombre considérable de Musulmans qui se répandaient partout, et l'infant eut toutes les peines du monde à les empêcher de s'exposer de la sorte; il y parvint, cependant, en leur faisant comprendre que la porte d'Almina étant pour ainsi dire la clef de la place, il pouvait se faire qu'à un moment donné, toutes les forces musulmanes fussent dirigées de ce côté, et qu'il était absolument indispensable que tous les Portugais débarqués la gardassent, leur nombre, quel qu'il fût, n'étant nullement trop élevé pour cela. Les nobles combattants se résignèrent donc à attendre.

Bientôt, Vasco Fernandes d'Athaïde, suivi de son oncle Gonçalo Vasques Coutinho, et quelques autres gentilshommes impatientés des lenteurs apportées au débarquement général, se décidèrent à imiter l'infant Henri et ses compagnons ; sautant en barque, ils abordèrent sur le rivage, et malgré leur petit nombre, se mirent en devoir d'attaquer une autre porte que les Maures occupaient.

Là encore, le combat fut acharné, mais la valeur, le courage et l'intrépidité triomphèrent du nombre ; après avoir été d'abord repoussés, les Portugais revinrent à la charge et furent de nouveau obligés de s'arrêter. Mais un dernier effort énergique finit par les rendre maîtres de cette seconde porte qu'ils occupèrent définitivement.

D'autres petits détachements continuaient à arriver.

L'infant Henri, se voyant à la tête

d'une certaine quantité d'hommes, rangea ses troupes en bataille et se disposa à les conduire dans la ville, après les avoir divisées en trois petits corps. Il donna le commandement de l'un à son frère, le comte de Barcellos, le second eut pour chef Dom Martim Affonso de Mello; quant au troisième, il se le réserva pour tenter avec lui une entreprise aussi hardie que périlleuse.

Il résolut de s'emparer de quelques hauteurs d'où les Maures pouvaient, en tirant parti de la position, gêner les opérations du débarquement général.

« Le soleil, dit un historien de cette « époque, était ardent, la montagne « escarpée et le chemin difficile; tout « autre se serait rebuté en considérant « plutôt l'évidence du péril que l'appa- « rence du succès; mais les deux in- « fants, avec une intrépidité peu com- « mune, après s'être débarrassés d'une « partie de leurs armures, commencèrent

« à grimper la montagne ; ils en surmon-
« tèrent les difficultés et s'emparèrent
« des portes, après en avoir chassé les
« Maures qui s'y défendaient avec cou-
« rage. »

Cette entreprise terminée avec autant de gloire que d'honneur, l'infant Henri, obéissant aux ordres de son frère aîné, Edouard, qui garda pour lui un poste difficile, se porta au-devant des deux autres corps pour les soutenir ; à peine eut-il rejoint celui commandé par son frère naturel, le comte de Barcellos, qu'il lui laissa la garde des points qu'il considérait comme les plus exposés aux attaques de l'ennemi, et vint à la rencontre d'Affonso de Mello, et réuni à lui, il chargea les Maures en véritable soldat, avec son courage et son sang-froid habituels.

« C'était un spectacle intéressant de voir nos Portugais attaquer, au haut des rues, les Maures qui ressemblaient aux vagues de la mer et qui, dans leur frayeur, se renversaient les uns sur les autres.

« Mais ce qui fut plus étonnant encore, c'est qu'une multitude, invincible jusqu'alors par son nombre, cédât à une poignée d'hommes, laissant le passage libre et ne cherchant son salut que dans la fuite. »

Maintenant que nous avons montré comment l'infant Henri avait pris l'initiative de l'attaque et ce qui s'en suivit, tournons nos regards vers l'infant Edouard, qui, lui non plus, n'était pas resté simple spectateur de cette merveilleuse épopée.

Il sut si bien tirer parti du poste que lui avait confié son frère, qu'il se rendit maître de toutes les hauteurs voisines, et pour montrer combien il regardait peu à exposer sa vie, il arriva jusqu'au Cesto, montagne pour ainsi dire inaccessible qui domine la ville. Les ennemis, eux-mêmes considérèrent ce trait comme un prodige de résolution et de hardiesse.

Pendant le temps que durèrent ces attaques partielles, préliminaires d'un mouvement décisif, le roi Jean avait grand'peine à calmer les impatiences de ceux qui étaient demeurés sur les vaisseaux, et les seigneurs, qui brûlaient du désir d'avoir leur part de gloire dans l'affaire, commençaient à murmurer hautement et à se plaindre de demeurer dans l'inaction, tandis que d'autres se signalaient par des actions d'éclat.

Mais le sage monarque, depuis longtemps rompu aux surprises et aux ruses de la guerre, attendait le moment favorable pour porter le coup qui devait lui assurer une victoire complète ; il avait remarqué que les Maures, en se portant tous du côté de la porte d'Almina, dégarnissaient ainsi le côté de la place que, du haut de ses vaisseaux,il tenait en respect.

Ce fut alors qu'il donna à son page, Diego de Abra, l'ordre de faire arborer l'étendard royal, ce qui était le signal du débarquement de toutes les troupes.

Cet ordre fut exécuté sur le champ. Au même instant arriva un soldat, dépêché par l'infant Henri, qui mit le roi au courant de la situation.

L'infant Pierre laissa paraître sur son visage un sentiment de joie mêlé de douleur, en écoutant le récit des magnifiques actions accomplies par ses frères, le noble prince regrettant de ne s'être point trouvé dans le cas d'en faire de semblables, et il se promit bien, aussitôt à terre, de chercher toutes les occasions de se distinguer aussi par quelque trait de vaillance.

Le débarquement s'opéra en bon ordre. Les troupes s'avancèrent, le roi en tête, vers la porte orientale de la ville; arrivées là, elles s'arrêtèrent, et le roi donna l'ordre à l'infant Pierre et à quelques autres seigneurs de se porter au secours des infants.

En conséquence de cet ordre, l'infant et dom Hopo Dias de Souza, grand-maître de l'ordre du Christ, s'élancèrent suivis des plus nobles et des plus vaillants gentilshommes de l'armée portugaise.

Ruy de Souza se jeta presque seul sur une troupe de Maures, et après quelques instants d'une lutte vraiment héroïque, il triompha de ses ennemis qui prirent la fuite. Ses compagnons ne furent pas longs à le rejoindre et à lui porter secours, et bientôt, le brave guerrier fut des premiers à entrer dans la ville de Ceuta.

L'acte de courage qu'il venait d'accomplir parut si beau et si sublime, qu'on donna son nom à la porte où il avait combattu si vaillamment.

Nombre de portugais appartenant aux plus grandes familles de cette nation si fertile en noblesse et en chevalerie, se distinguèrent dans cette journée mémorable ; combien de leurs descendants seraient justement fiers aujourd'hui de pouvoir citer les annales glorieuses dans lesquelles leurs noms seraient consignés !

Malheureusement, à cette époque, nul ne songeait à transmettre à la postérité le souvenir de tant de héros, et il faut s'estimer heureux qu'un contemporain ait songé à consigner le récit de la prise de Ceuta et à citer çà et là quelques noms parmi tous ceux qui eussent eu droit à s'enorgueillir d'y figurer. Ceux que l'histoire nous a conservés sont des plus fameux.

En première ligne, nous voyons Nuno Martim da Sylveira, qui, débarqué un des derniers, acquit tant d'honneur en différents combats successifs où il trempa son épée dans le sang des Maures, que l'infant Edouard l'arma chevalier de ses propres mains, dès qu'il l'eut été lui-même, et lui accorda d'autres récompenses grandement méritées.

Alvaro Gonçalves de Figueiredo, qui, oubliant ses 90 ans et ne prenant conseil que de sa valeur, se mêla aux plus jeunes et aux plus ardents, et parut aussi brave et aussi intrépide qu'aucun d'eux; il ne voulut pas de récompense, satisfait de l'honneur d'avoir combattu dans cette journée, avec tout le feu de la jeunesse, pour le service de son roi et de sa patrie.

Lourenço Gonçalves, secrétaire du

cabinet, imita le désintéressement de Figueiredo ; sa valeur lui avait mérité des récompenses élevées, il n'en voulut pas d'autre que d'être armé chevalier, ce qu'on estimait plus alors que le don des plus riches commanderies. Le roi lui accorda cet honneur, et ce généreux guerrier, emportant avec lui la preuve la plus flatteuse de ses services, courut chercher de nouveaux périls au milieu des ennemis.

Car les combats partiels continuaient dans les rues de la ville.

Les Maures disputaient courageusement chaque parcelle du sol, et si les Portugais gagnaient sans cesse du terrain, c'était en livrant une lutte opiniâtre et terrible, non-seulement avec les soldats de Çala-Ben-Çala, mais avec les habitants qui, retranchés dans leurs maisons, obligeaient les troupes à en faire le siège.

Des rues étroites et tortueuses, des chemins escarpés, qu'il fallait gravir par files serrées, offraient sans cesse de nouveaux obstacles à la marche des Chrétiens, et dans certains endroits, le danger paraissait si grand, qu'on vit soudain un détachement d'environ cinq cents portugais battre en retraite sous les efforts des Maures.

Or, ceci se passait au moment où l'infant Henri méditait, pour couronner dignement l'œuvre de la journée, de se rendre maître du château-fort, dans lequel s'était fortifié le gouverneur de la ville ; il se dirigeait donc de ce côté, suivi d'hommes braves entre tous, lorsqu'il se trouva en présence des fuyards.

Cette vue alluma en lui une telle indignation, que s'élançant seul au milieu des Maures, dont le nombre avait effrayé les soldats Portugais, il les contraignit à leur tour, en les chargeant avec une violence inouïe, à se retourner et à prendre la fuite, ce que voyant, les Portugais, qui avaient cédé à un mouvement de panique irréfléchi, prirent immédiatement l'offensive et, imitant l'exemple de leur vaillant infant, ils poursuivirent les Maures jusqu'au quartier de la douane, qui était alors le centre du commerce de la ville.

Là, cependant, il sembla que la fortune allait se tourner du côté de l'ennemi ; c'était dans ce quartier que les Maures avaient accumulé toutes leurs richesses, et pour les défendre, ils avaient massé une si grande quantité de troupes, que de nouveau les soldats eurent un mouvement d'hésitation, et plutôt que de les attaquer de front, ils tournèrent la position, et cherchèrent à s'abriter derrière des murailles.

Mais l'infant, avec son impétuosité ordinaire, s'était élancé en avant, sans s'apercevoir qu'il n'était suivi que par dix-sept soldats ; les Maures ne doutèrent pas d'en avoir promptement raison, et poussant des cris de bêtes fauves, ils se jetèrent sur ces quelques hommes.

Dans la mêlée, Fernando Chamorro,

écuyer de l'infant, reçut un si terrible coup sur la tête, qu'il tomba à terre sans connaissance.

On le crut mort, et les Musulmans tentèrent de s'emparer de son corps, pour le porter en triomphe au gouverneur ; mais l'infant, placé devant lui, le défendit avec une telle intrépidité, que l'ennemi intimidé n'osa avancer. Cependant, des dix-sept compagnons d'Henri, treize étaient déjà tombés, les uns sous les coups des Maures, les autres épuisés par la fatigue, et l'infant allait vraisemblablement payer de sa vie son audacieuse témérité, lorsque l'excès même du péril le sauva.

Les Maures étaient si nombreux et formaient une masse si compacte sur la place où ils étaient rassemblés, qu'ils en arrivèrent à ne pouvoir faire aucun mouvement pour se servir de leurs armes ; pressés les uns contre les autres par des courants contraires, ils s'écrasaient, et durent chercher à se préserver mutuellement de la pression qu'ils exerçaient, avant que de songer à abattre ces hommes de fer qui les broyaient ; ceux-ci purent alors se frayer un passage, en faisant une trouée au milieu de cette muraille humaine.

Toutefois, le bruit se répandit que l'infant Henri avait trouvé la mort dans cette foule compacte, et la nouvelle passant de bouche en bouche, parvint jusqu'aux oreilles du roi, qui s'empressa d'envoyer Vasco Fernando d'Athaïde à la découverte ; malheureusement, ce gentilhomme ne revint pas, une pierre l'atteignit à la tête et il tomba mort.

Le roi se montra profondément affligé de cette perte; mais il fallait à tout prix avoir des nouvelles de l'infant, et ce fut l'un des officiers attachés à son service, don Garcia Moniz qui s'engagea à en rapporter ; il éprouva mille peines à se tirer à son tour des mains des Maures, mais il parvint à joindre l'infant qui combattait au milieu d'un gros d'ennemis. Il fallut que dom Garcia employât toute son éloquence pour lui démontrer combien, en se mesurant ainsi dans des rencontres sans cesse renaissantes, il courait risque de compromettre sa gloire de chef d'armée; l'Infant se laissa persuader; il reparut devant les siens, et sa présence excita une joie universelle.

Presqu'aussitôt son retour, il reçut avis que ses frères occupaient la principale mosquée, et qu'ils le priaient de leur envoyer des secours, et en même temps, il était informé que ses troupes et celles de l'infant Pierre, étaient en marche pour se rendre maîtresses d'une partie de la ville occupée par les meilleures troupes de Çala-Ben-Çala.

Ce fut pour se joindre à elles qu'il se remit en marche et qu'il accourut sur le lieu du combat, avec la même ardeur que s'il n'eût encore rien fait dans cette journée.

Il fut reçu avec transport; lui seul

valait un nombreux secours, et l'on savait par expérience que la bénédiction du Ciel était attachée à ses armes.

Au plus fort de l'action, son frère Edouard insistait pour qu'on se rendit à la mosquée ; mais l'infant représenta qu'il ne fallait pas laisser échapper l'occasion de s'emparer du château ; toutefois, il céda aux instances de son frère et se rendit à la Mosquée, où il rencontra son fidèle écuyer, Fernando Chamorro, que l'on avait cru mort et qui n'était que blessé profondément au visage.

Là encore, il se battit, et l'affaire terminée, il venait de quitter ses armes, lorsqu'il fut appelé par le roi à se rendre auprès de lui.

Il obéit, et le roi, au milieu des démonstrations de joie de son armée, le combla d'éloges et lui offrit de l'armer sur le champ chevalier ; l'infant le remercia avec effusion, mais lui demanda en grâce de ne point lui accorder cette haute distinction avant que ses frères l'eussent reçue.

Le roi ne s'attendait pas à cette réponse aussi noble que sagement politique; il en fut ravi, et donna à son fils de nouveaux éloges, qui furent la récompense de sa modestie, comme les autres l'avaient été de sa valeur. Cependant, Çala-Ben-Çala s'épouvantait des succès rapides de ses ennemis.

Les heures s'écoulaient pour lui pleines de mortelles appréhensions ; chaque nouvelle qu'il recevait du dehors lui déchirait le cœur ; en vain il haranguait ses soldats, les exitait à la gloire et leur offrait de l'or, tous laissaient voir le découragement qu'ils éprouvaient.

Bientôt, le peu d'espoir qu'il pouvait conserver dut s'évanouir. On vint lui apprendre que la ville était prise.

Alors, il ne songea plus qu'à sauver sa vie et ses richesses qu'il fit transporter, avec ses femmes et ses enfants, dans l'intérieur du Maroc ; puis, sautant sur un bon cheval qu'il avait fait préparer pour sa fuite, il sortit par la porte du Nord, laissant Ceuta à la merci des Portugais. Le gouverneur parti, ce fut à qui l'imiterait, et bientôt il ne resta dans la ville que les vieillards impotents, les malades, quelques femmes et des enfants.

Cet abandon total d'une ville qui, la veille encore, était habitée par une population extrêmement nombreuse, qui s'y livrait à un commerce des plus actifs, métamorphosait en désert une cité des plus florissantes.

Mais ce départ précipité avait eu lieu le soir, le roi de Portugal l'ignorait, et craignant que le silence qui avait soudainement remplacé le bruit et l'animation de la journée ne cachât un piège, il prit toutes les précautions nécessaires pour mettre son armée à l'abri d'une surprise.

L'infant Henri reçut l'ordre de placer, pendant la nuit, des corps de garde aux principaux points de la ville.

Un conseil fut convoqué pour discuter les moyens à employer pour prendre le château, et après une assez longue délibération, le roi se rangea à l'avis du prince Henri, qui consistait à envoyer Joao Vasques de Almeïda faire une reconnaissance jusqu'au château, de s'informer de ce qui s'y passait et d'y arborer à tout prix, sur la plus haute tour, la bannière de Lisbonne.

Vasques de Almeïda était un homme d'un mérite éprouvé et à qui on pouvait confier le soin d'une entreprise hasardeuse.

Il remercia le roi de la marque de confiance qui lui était donnée, et reçut de ses mains la bannière sur laquelle était représentée l'image de Saint-Vincent, protecteur de la ville de Lisbonne ; puis, ayant pris avec lui le nombre d'hommes nécessaires pour ce coup de main, il se dirigea vers le château. Les portes en étaient fermées et barricadées.

Il ordonna aussitôt de les enfoncer.

Mais deux hommes, l'un basque, l'autre gênois, qui étaient accourus au bruit des premiers coups, lui crièrent en castillan, du haut de la muraille, de ne point prendre tant de peine et qu'ils allaient lui ouvrir et dégager les portes, eux seuls étant restés dans le château où ils s'étaient tenus cachés, tandis que les Maures l'abandonnaient.

Vasques de Almeïda entra donc, avec précaution, toutefois, de peur d'une embuscade, et tenant les deux hommes en respect, de façon à les tuer sans pitié, s'ils avaient menti ; mais il ne tarda pas à se convaincre qu'ils avaient dit la vérité ; il n'y avait plus personne au château.

Son premier soin fut d'arborer la bannière de Saint-Vincent, qui devait avertir le roi de la prise de possession.

Les infants Edouard et Pierre en ayant été instruits à leur tour, se rendirent aussitôt à ce château, accompagnés du comte de Barcellos, leur frère, et de plusieurs seigneurs qui les suivirent.

Aucun d'eux ne s'attendait à y trouver un amas de richesses et de magnificences aussi considérable, matières d'or et d'argent, joyaux de toute espèce, armes précieuses, étoffes de prix.

Il y avait, dans les diverses salles du vaste édifice, un amoncellement de choses merveilleusement belles, et que les Portugais considérèrent avec admiration.

Au milieu des exclamations que faisait naître la vue de tant ce précieux butin, un des seigneurs fit observer que la tour de Fez tenait encore, et qu'un petit nombre de Maures s'y étaient même fortifiés.

Aussitôt, l'infant Edouard donna l'ordre à son premier porte-enseigne d'aller au plus vite arborer une autre bannière sur cette tour.

Celui-ci obéit; mais la chose présentait plus de difficultés qu'au château. Ceux des Maures qui ne pouvaient croire que la perte de Ceuta fut consommée, s'étaient réfugiés dans cette tour, déterminés à en disputer vigoureusement l'entrée, et dès que le porte-enseigne, Dom Henrique de Noronha, se présenta à la porte de la tour, il fut percé d'un coup de lance qui l'étendit mort.

En le voyant tomber, les Musulmans poussèrent des cris de joie, pensant effrayer les Portugais et ramener la victoire, mais cette illusion ne fut pas de longue durée ; des renforts portugais ne tardèrent pas à arriver.

On se battit toute la nuit, et les Maures ayant été délogés jusqu'au dernier, la bannière portugaise put flotter sur le haut de la tour.

Parmi ceux qui se distinguèrent particulièrement dans cet assaut de la tour de Fez, outre le noble porte-enseigne Henrique de Noronha, qui y trouva la mort, on peut citer son frère, Dom Joao de Noronha, D. Pedro Vaz d'Almeïda, D. Alvaro Mendo Cerveira, D. Mendo Affonso da Cerveira, son frère, D. Alvaro Nogueira, D. Nuno Martins de Sylveira, D. Vasco Martins de Carvalhal, D. Gonçalo Vaz de Castello Branco, D. Gonçalo Mendes Barrato, D. Gil Vasques, D. Joao d'Athaïde, D. Alvaro da Cunha, D. Nuno Vasques de Castello Branco et ses cinq frères, etc.

On eut pu croire enfin tout terminé ; cependant, il restait encore quelques Maures retranchés ça et là et disposés à mourir plutôt que d'abandonner leurs richesses. Dom Fernando de Castro et son frère, Dom Joao, à la tête de quelques hommes, se chargèrent d'en purger la ville, ce qu'ils firent sans délai, et la porte d'Alvaro Mendes vit passer le dernier Maure qui eut habité Ceuta.

Le pillage put commencer.

C'était la loi du vainqueur à cette époque.

Les soldats Portugais, animés par la colère, brisèrent d'abord tout ce qui leur tomba sous la main ; mais ce premier moment de fureur passé, les hommes se contentèrent de s'approprier tout ce qu'ils purent des objets précieux abandonnés par les vaincus, et la part de chacun fut énorme.

L'armée campa dans la ville, et tous ses officiers vinrent féliciter le roi de l'heureuse issue de cette brillante campagne.

Ce prince crut devoir informer lès rois et les grands personnages voisins avec lesquels il était en bonnes relations d'amitié, de ce nouveau succès de ses armes; le premier à qui il envoya un messager, fut le gouverneur de Tarifa, qui était Portugais ; ce fut D. Joao Rodrigues Comitre qui lui porta la nouvelle.

Le gouverneur le reçut avec toutes les marques d'une haute considération, et fit de suite partir son propre fils pour aller complimenter le roi de Portugal ; à la cour d'Aragon, ce fut un autre officier de la maison du roi, D. Joao Escudeiro et D. Alvaro Gonçalves da Maya, intendant des finances, qui portèrent l'heureuse nouvelle ; ils furent très-bien reçus, et le roi d'Aragon leur fit de riches présents.

Il y avait deux jours que les Portugais étaient maîtres de Ceuta, lorsqu'on vit soudain une quantité du musulmans descendre des montagnes environnantes, comme s'ils voulaient de nouveau tenter le sort des armes, afin de rentrer en possession de leurs demeures et de leurs richesses.

Ils s'avancèrent en rangs épais vers les portes de la ville. L'infant Henri, averti de leur approche, fit aussitôt seller un cheval et, en attendant, monta sur une tour pour les observer.

Au même instant, l'infant Edouard qui, lui aussi, avait été informé du même fait, s'élança sur le cheval préparé pour son frère, et, entraînant quelques gentilshommes avec lui, courut au devant de l'ennemi ; mais les Maures, à leur vue, se retirèrent précipitamment.

Pendant onze jours, les barbares continuèrent de la sorte de se montrer, et les infants voulaient châtier leur insolence en se mettant résolûment à leur poursuite; mais le roi s'y opposa et défendit de sortir de la ville sans sa permission.

Peu à peu, les Maures disparurent. Ils avaient compris que c'en était fait pour eux de Ceuta.

Cette ville, qui était la terreur de la chrétienté, devait changer de rôle, et devenir désormais le boulevard du christianisme sur la côte africaine.

On se rappelle que le roi de Portugal avait promis de consacrer les mosquées au culte catholique, après les avoir purifiées.

Il ordonna que tout fut prêt pour le 25 août, pour la cérémonie de la consécration de la grande mosquée, qui fut dédiée à l'Assomption de la Très-Sainte-Vierge.

Un *Te Deum* fut chanté en présence du roi, de ses fils et de l'armée.

François-Jean Xira monta en chaire, et ce grand prédicateur prêcha afin d'exalter les miséricordes du seigneur dans les exploits héroïques des Portugais. Ensuite, on entendit la sainte messe, et le roi, qui n'avait cessé de donner les marques de la plus grande piété, voulut terminer cette fête imposante en armant chevalier ses fils.

Le premier qui reçut cet honneur, fut l'infant Edouard, héritier présomptif de la couronne de Portugal ; puis, les infants Pierre, Henri et Ferdinand.

Quelques seigneurs reçurent aussi, après eux, la chevalerie des mains du roi. Ce furent Dom Fernando, seigneur de Bragance, D. Gil Vaz da Cunha, D. Alvaro da Cunha, D. Alvaro Pereira, D. Diogo Gomes da Silva, D. Vasco Martins d'Albergaria, D. Alvaro Fernandes Mascarelhnas, D. Joao Gonçalves Zarco.

Ceuta conquis, il s'agissait d'en assurer la conservation au Portugal.

Le roi s'occupa de cette importante question.

Le premier point était de nommer un gouverneur habile et courageux.

Le roi convoqua son conseil à cet effet, et le choix tomba sur le connétable et sur Gonçalo Vasques Coutinho; le premier se récusa, alléguant son grand âge; le second fit de même, en invoquant la résolution qu'il avait prise de travailler plus utilement à son salut, en se retirant au couvent qu'il avait fondé à Lisbonne.

Le roi manda alors Dom Martim Affonso de Mello, et, en présence de l'assemblée, il le nomma gouverneur de Ceuta, accompagnant cette faveur de paroles si honorables, qu'elles étaient la récompense la plus flatteuse de ses services.

D. Martim Affonso de Mello remercia le roi et le pria modestement de vouloir bien l'autoriser à lui présenter quelques observations; celui-ci y consentit, et de Mello lui exposa qu'il ne se sentait pas les qualités nécessaires pour assumer la responsabilité de la défense d'une ville de l'importance de Ceuta. Bref, il refusa le gouvernement qui lui était offert, au grand déplaisir du roi, qui allait de nouveau délibérer sur un nouveau choix, lorsque le comte Dom Pedro de Menezès s'offrit au roi pour conserver Ceuta à la couronne et sa patrie.

Jean Ier n'hésita pas; il nomma sur le champ le comte, gouverneur de la ville et général des troupes, sans vouloir qu'il lui rendit hommage ni lui prêtât serment, faisant connaître à tout le monde, par une pareille exception, qu'il lui suffisait que le comte fut de la noble maison de Menezès pour qu'il fut assuré de sa fidélité.

Le gouverneur étant définitivement nommé, le roi choisit pour la garnison, d'abord, trois cents hommes de troupes de sa division, et leur donna pour commandant, son grand veneur, D. Lopo Vasques de Castello Branco.

De plus, l'infant Henri désigna, de son côté, trois cents hommes, et mit à leur tête D. Joao Pereira, pour garder la tour de Sainte-Marie d'Afrique.

Les services rendus par ce gentilhomme le rendaient très-digne de cette distinction.

On prit, en outre, des soldats dans chaque division des infants ; bref, la garnison se monta à 2,700 hommes.

Ensuite, on nomma un évêque. Ce fut François Aymar, qui avait été le confesseur de la reine Filippa, et qui était évêque titulaire de Maroc, qui fut choisi en cette qualité. C'était un homme très-savant et très-vertueux.

Tout étant réglé de la sorte, de façon qu'on n'eût à craindre ni faiblesse de la part du gouverneur, ni désobéissance du côté des troupes, le roi songea à reprendre le chemin du Portugal.

Tous les préparatifs étant terminés, on mit à la voile le 2 septembre 1415, douze jours après la victoire, au son des instruments qui semblaient annoncer aux mers le triomphe des Portugais.

Le vent était favorable, la flotte alla mouiller à Tavira, d'où le roi envoya tous les vaisseaux à Lisbonne.

Les hommes d'armes qui étaient venus de l'étranger, pour offrir de partager avec les Portugais la gloire de l'expédition, s'en retournèrent de là dans leurs pays, emportant avec eux la renommée de leurs exploits et les richesses qu'ils avaient conquises au service d'un prince reconnaissant et généreux.

Le roi, sentant combien il devait à la valeur de ses fils, voulut les récompenser en créant solennellement l'infant Pierre, duc de Coïmbre, et l'infant Henri, duc de Viseu, et afin de récupérer ce dernier des grandes dépenses qu'il avait faites pour l'expédition de Ceuta, il lui donna la seigneurie de Covilhan, dont le rapport était considérable.

Il fit des présents à l'infant Edouard, celui-ci ne pouvant recevoir aucun titre, puisqu'il devait succéder à son père sur le trône de Portugal.

Le roi n'oublia aucun des gentilshommes qui avaient pris part à l'expédition, et tous furent récompensés selon leur mérite.

Le voyage devant se faire par terre, Jean Ier, accompagné de ses fils et des officiers de sa maison, partit pour Evora, où il fut reçu par toute la noblesse et par le peuple qui chantait des chœurs d'allégresse sur son passage.

Les fêtes durèrent plusieurs jours, et pendant de longues années, le souvenir de la glorieuse conquête de Ceuta fut célébré sur la terre chevaleresque du Portugal.

FIN

TABLE DES MATIÈRES

FÉCAMP. — IMPRIMERIE DE L. DURAND, PASSAGE SAUTREUIL

www.ingramcontent.com/pod-product-compliance
Ingram Content Group UK Ltd.
Pitfield, Milton Keynes, MK11 3LW, UK
UKHW021046230726
13926UKWH00004B/1676

9 782013 652773